INTERPRETATION
OF FINANCIAL
STATEMENTS

财报掘金

[第2版]

张新民◎著

中国人民大学出版社

·北京·

致读者

在经济快速发展的今天，尤其是在大数据、互联网＋、云计算等新兴技术条件下，人们的日常生活和决策都与企业财务报表紧密相关。财务报表分析已经从专业化知识变成通识性知识。"财务报表分析"课程在大学里也有成为通识课的趋势。

自 1994 年以来，我一直致力于解决中国企业务报表分析理论与方法体系的建设（或称财务报表分析的中国化）问题。在这个过程中，我针对中国企业会计准则的特点以及企业信息披露的特征，对实体企业财务报表分析的理论与方法，先后实现了从财务报表的比率分析到财务状况质量分析、从财务状况质量分析到战略视角下财务报表分析框架的建立。

从实际应用来看，我所建立的这个分析框架无论是在课堂教学中，还是在对上市公司发布的财务报告的分析实践中，都显示出了强大的生命力，较好地解决了利用财务信息认识中国企业的问题，摆脱了依赖美国财务比率分析中国财务报表的束缚。教育部长江学者特聘教授、中国人民大学教授王化成将其命名为"张氏财务分析框架"。这个框架为通过财务报表认识中国企业提供了非常有效的分析工具。然而，很多读者反映，虽然教材和相关读物让他们增长了知识，但在实际分析过程中仍然感觉力不从心，缺乏对学习效果的有效检验。

为了让读者学习和领会财务报表分析方法，演练财务报表的分析过程，检验"财务报表分析"课程的学习效果，我们出版了这套集"教材、大众读物与音视频学习资料"于一体的系列成果。为此，中国人民大学出版社专门建立了"财务报表分析学习中心"，用来承载相关的视频课程和案例分析资料等。

财务报表分析
学习中心

一、教材

教材方面，为了满足不同层次学校开设"财务报表分析"课程的需要，我们出版了包含"主教材、主教材的简明版、学习指导书和案例"四位一体的系列教材。这个系列教材是与国家级精品课程"企业财务报表分析"，教育部视频公开课、资源共享课和慕课"财务报表分析"相配套的，主版、学习指导书和案例同时也是"十二五"普通高等教育本科国家级规划教材，具体包括：

1. 《财务报表分析（第 6 版·立体化数字教材版）》（以下简称主教材）

本书自 2008 年第 1 版出版以来，受到广大高校教师的普遍欢迎，成为众多高校"财务报表分析"课程的首选教材，也是中国高校"财务报表分析"课程的主流教材。在十余年的时间里，历经不断修改和完善。**本书第 5 版获得了首届全国教材建设奖全国优秀教材一等奖**，是唯一一本获得一等奖的本科财会类教材。

与从国外（主要是美国）引进的原版教材不同，本书除了介绍基本的财务比率，还重点针对中国企业尤其是上市公司财务报表信息披露的特点，对资产负债表进行了重构，以上市公司最新案例为基础对财务报表进行项目质量分析和战略信息揭示。

第 6 版除全面更新案例外，还根据一线教师的意见对全书的框架结构进行了调整，并新增了**题库**，便于教师根据需要随时生成试卷，读者可以节为单位，扫码做题、即测即评，查看详细解析。

2. 《〈财务报表分析（第 6 版·立体化数字教材版）〉案例分析与学习指导》

本书是与《财务报表分析（第 6 版·立体化数字教材版）》相配套的学习指导书，内容包括对教材知识点的回顾、补充练习题及参考答案、教材中引例与案例讨论的分析提示，还补充了新的案例，可以极大改进学生学习本课程的效果，提高学生实际分析报表的能力。

3.《财务报表分析（简明版·立体化数字教材版)(第2版)》

自主教材出版以来，一直有高校教师反映，在课时相对较少、学生整体学习压力大的情况下，主教材的内容偏多，案例中的大中型企业偏多、小企业偏少，希望我们再出版一本简明版。

为解决这个长期困扰部分高校教学的问题，我们在保留主教材基本分析特色的基础上，按照资产负债表、利润表和现金流量表的顺序，将比率分析与质量分析加以"完美"融合，更易于读者对分析方法的系统学习和掌握。

第2版全面替换了主要分析案例，并新增了**题库**。

4.《财务报表分析案例（第2版)》

案例教学一直是教学中的难点和重点，案例教学开展得好，可以有效提高学生分析问题、解决问题的能力。本书在主教材基础上，按照战略视角下的企业财务报表分析框架、企业发展战略分析、企业引资战略分析、企业集团债务融资管理与货币资金管理分析、营运资本管理分析、经营非流动资产管理分析、利润表分析、现金流量表分析、比率分析、资产减值与企业风险分析、行业特征与企业财务报表分析、企业财务状况整体分析12个专题，全面展示了企业财务报表分析理论与方法的综合运用，并结合上市公司的实际案例进行了具体的分析。本书旨在提升广大学生分析财务报表的综合能力，是一本提升和检验学习效果的必备教材。

上述四本教材适合财经类各个专业（如会计学、财务管理、工商管理、金融学、金融工程、国际经济与贸易等）的本科生、研究生学习。

二、大众读物

在出版上述四本教材的同时，我还出版了三本较为通俗的大众读物。这三本大众读物文字活泼，恰当把握了相关概念的实质，适合不同基础的广大读者。

1.《从报表看企业——数字背后的秘密（第 5 版）》

本书第 1 版于 2012 年出版，来自我为 EMBA 讲授"财务报表分析"课程的课堂实录。该书出版以来由于可读性强受到广大读者的欢迎，已销售 30 多万册。第 5 版以更加完善的分析框架全面阐释了"张氏财务分析框架"的精华，并更新了全部案例，还重点强化了"看价值"和"看风险"的内容。

2.《中小企业财务报表分析（第 2 版）》

《中小企业财务报表分析》是应广大关注中小企业财务报表分析的读者要求编写的一本通俗读物。该书以中小企业的制度界定和财务报表特征为基础，对中小企业财务报表分析的几个关键问题进行了讨论。

对于大多数仅仅关注中小企业财务报表分析的读者而言，认真研读《中小企业财务报表分析》有助于解决很多实际问题。

3. 《财报掘金（第 2 版）》

《财报掘金（第 2 版）》是我与北京财能科技有限公司合作开发的同名音频课程的配套书。即使是财报小白，只要按照书中一步步的引导，也能很快看懂三张报表；如果您是财会工作者或企业管理人员，还能从报表中挖掘出企业的发展潜能，为企业的发展建言献策，从而有力提升自身的职场竞争力；如果您是资本市场股票投资者，读懂财报会为您的资产保值增值保驾护航。

三、视频资料

实际上，上述关于财务报表分析的出版物已经非常丰富，但仍然有大量读者希望听听我是怎么给不同读者讲课的，希望通过观看我的视频课，了解我是怎么拿一个实际上市公司的年报做案例分析的，希望进一步提升财务报表分析的实战能力，将理论学习与实际分析能力相融合。

为此，我在中国人民大学出版社的大力支持下，录制了多个相关的视频课。

财务报表分析
案例集锦

1. 《财务报表分析案例集锦》

这个案例集锦由战略视角下的财务报表分析框架、利润表的变革与分析、比率分析陷阱与创新、企业发展战略分析、利润表的战略信息分析、现金流量表的战略信息分析、营运资本管理分析、非流动资产管理分析、分行业报表分析案例 9 个专题组成。

该视频主要适用于已经有财务报表分析基础的读者，可以帮助读者从时间维度来纵向分析这些企业的报表，对企业做持续跟踪的案例研究，与前述纸质图书形成了良好的互补。

2.《名师示范课：财务报表分析》

《名师示范课：财务报表分析》是为广大高校教师准备的，目的在于提高广大教师的教学能力与案例分析能力。

名师示范课：张新民教授讲财务报表分析

3.《财务报表分析——中国情境下财务报表分析理论与方法的探索》

这是一个现场讲座，介绍了我从事财务报表分析理论与方法研究的心路历程，全景展示了中国情境下财务报表分析理论与方法的探索过程。透过这个讲座，读者也可以了解本土上市公司财务报表分析的发展历程和变迁。

张新民教授谈中国情境下财务报表分析理论与方法的探索

4.《财务报表分析核心问题讲解》

本讲座把企业设立、经营、扩张等各种活动与财务报表的外在表现相结合，站在管理者视角，以独创的"八看"分析框架为路径，对企业财务报表中的核心问题进行了全新讲解，透析纷繁复杂的数字背后所蕴藏的

张新民教授财务报表分析核心问题讲解

企业秘密。

由于我国财务报表信息披露要求、会计准则一直处于变化之中，因此，该讲座对面临变化的财务报表分析者有一定的启发。

5.《张新民带你"读财报、选股票、防踩雷"》

张新民教授
三场公益讲座
的视频实录

2020年上半年新冠疫情期间，我进行了多场直播，平均每场直播有30万人次收看，受到了广大观众的热烈欢迎和高度评价。该系列直播共3讲，从读财报的角度，分析和挖掘企业价值，并重点讲述了如何防踩雷，规避上市公司财务风险等内容。

上述书籍和视频资料得到了中国人民大学出版社的大力支持，在此，特向中国人民大学出版社致以崇高的敬意！

张新民

于对外经济贸易大学

前　言

本书是《财报掘金》的第 2 版。

与我此前出版的其他教材和读物注重全面性不同，本书选择了广大读者在分析企业财务报表过程中特别关心的 12 个专题进行精讲。这 12 个专题是我在进行大量调研的基础上确定的。

本书特点如下：

1. 不求全面，强调亮点

同类专业书籍大多具有内容全面系统、概念精准的特点，广大在职人员很难真正读进去，往往读了一小部分就再难坚持，难以取得较好的学习成效。

本书吸取了这个教训，聚焦财务报表分析中的亮点内容。

这些亮点内容分为三个模块展开，除了讨论如何通过阅读基本财务报表来掌握企业的基本方法并融入我近年关于财报研究的新理念、新方法外，还重点聚焦于存货管理、上下游关系管理、固定资产管理、预算管理、成本管理、销售费用管理、产品结构与企业竞争力，以及筹资管理等企业财务报表分析的核心内容。

按照本书的模块认真学习，是能够达到抓住财报重点和亮点的目的的。

2. 案例鲜活，代表性强

本书全部案例均取自我国资本市场上有代表性的真实企业财务数据。读者通过对成功企业和失败企业的财报特征进行分析，可以更有效地识别企业的内在价值。

在案例的选择上，除了保留经典的案例，对大量案例进行了更新，其中多数素材来源于 2024 年发布的上市公司 2023 年年度报告。入选的案例都极具代表性。

3. 语言活泼，易于理解

本书在语言上是比较生动的，这样更容易让广大读者看进去，学进去。

本书供广大财会工作者、企业管理人员、资本市场股票投资者学习财务报表分析使用。

本书的第 1 版在出版后，短时间内多次印刷，受到广大读者的欢迎和好评。

应出版社要求，我在第 1 版的基础上，对原书内容进行了大幅调整。现在呈现的第 2 版内容，无论是理论与方法的阐释、案例的代表性，还是读者学习收获方面，相较第 1 版均有显著提升。

限于本人水平，书中的谬误之处在所难免。恳请广大读者批评指正。

张新民

目　录

▶ **模块 3**

　• **财务掌权：重大决策难拍板？财务数据做支撑**

数字经济时代，
不做"商业盲人"，
从读懂财务报表开始

在数字经济时代，高科技以更小的时间单位迭代进步，未来将有大量的基础工作被取代。

《经济学人》杂志曾通过调查罗列了未来20年最有可能被人工智能取代的岗位，包括财会在内的烦琐、重复性的工作岗位首当其冲。还有相关数据显示，基础岗位每年以15%的速度减少。

在不久的将来，我们赖以生存的专业技能真的能使我们继续实现人生价值吗？而你，会不会变成"被取代"的那个人呢？

有人问我：**大量的会计岗位都正在或即将被智能机器人所替代，那么，会计专业知识对于个人的价值会不会越来越低呢？**

对于这个问题，我是这样看的：

只要在经济生活中有企业存在，就必然伴随着信息的存在，**只要信息存在，会计专业的核心内容就永远不会失去价值。**

从可预见的未来来看，企业仍将在很长一段时间内持续存在。因此，会计专业的核心内容的价值不但不会失去，反而可能会提升。

当然，企业涉及的信息种类繁多：既有业务方面的，也有人力资源方面的，还有物资、上下游关系等方面的，更有以货币形式表现的财务报表信息。其他信息理解起来一般都很容易，而财务报表信息因其综合性和专业性，往往给人一种难以接近和学习的感觉，因而许多人一看到财务报表就避之不及。

实际上，面对一家企业的财务报表，你可能根本躲不过去。

假设你是一家企业董事会的成员（独立董事或非独立董事），正在讨论一项对其他企业的收购议案。被收购企业的财报数据、资产评估机构对被收购企业的资产评估报告以及其他相关资料就摆在你的面前，你要对这个收购议案发表意见并进行投票。你好意思说"我不懂财会，我说点别的吧"？当然，"别的"可能真的很有价值。但大量上市公司收购失败往往是因为收购过程中与被收购企业财报信息相关的风险没有被充分识别并有效控制。对于一个明显存在财务风险的收购议案，如果你因缺乏财报知识而无法识别风险，并因此投了赞成票，那么当未来该收购出现重大风险导致董事会中投赞成票的成员可能面临追责时，你是不是觉得自己很冤？

实际上，除了董事会成员外，企业的各类管理者，**如果具备了看懂财务报表的能力，在很多情况下，是可以避免很多风险的。**

有一家上市公司名为辅仁药业。该企业在 2023 年 5 月退市了。

想想看，导致这家企业退市的重大风险因素是从什么时候开始显现的呢？

你可能会问：2023 年 5 月 22 日宣布退市，这家企业的重大风险是不是在 2022 年就显现了？

我告诉你，导致辅仁药业退市的重大风险，早在 2017 年就已埋下伏笔，真正显现则是在 2020 年。

如果你查看辅仁药业自 2016 年以来各年的财务报表和审计报告，就会发现这家企业在这一时期的财报信息发生了这样的变化：

2016 年，辅仁药业的营业收入是 4.96 亿元。

2017 年 12 月，辅仁药业通过并购同一控制人下的企业，直接将营业收入跨越式提升到 58 亿元，股份总数由 2017 年年初的 1.78 亿股增加到年末的 6.27 亿股。此次并购直接让企业迈上了一个新的台阶：营业收入大幅增长，股份总数大幅提升，企业纸面上的融资能力、偿债能力显著增强。

请注意，在企业财报呈现繁荣景象的同时，企业可能正在酝酿着重大风险。企业的股份增加的规模会对企业的股权结构产生根本性影响。当企业的股权结构是一股独大且股权集中度相当高时，董事会的构成以及股东大会的投票结果往往更倾向于大股东的意愿。如果大股东站在全体股东的立场进行决策、管理和经营，则这样的治理变化将是广大股东和其他利益相关者（包括企业的各类经营债权人、员工、贷款提供者等）的福音；但如果大股东仅仅让辅仁药业服务于其自身战略而不顾及其他利益相关者的利益，那么非控制性股东和其他利益相关者将面临或早或晚释放的各种风险。

2020 年 6 月 22 日，注册会计师对辅仁药业 2019 年度的财务报告出具了无法表示意见的审计报告。该审计报告直指企业存在关联方巨额资金占用、违规担保、债务违约、业务处理商业实质不明等问题。企业在 2017 年年底酝酿的重大风险正式显现。

　　请注意，从 2020 年 6 月 22 日至 2023 年 5 月 22 日，时间跨度将近三年。在这期间，如果你对注册会计师出具的审计报告及企业财报所揭示的企业风险有基本的关注，那么各方利益相关者可能会避免多方面的损失：

　　作为企业的非控制性股东，你是继续与企业"共存亡"，还是选择适当的时机把股票卖出，以及时止损？

　　作为向企业提供各类贷款的金融机构、其他机构或者个人，你是抓紧回收贷款，还是继续向企业发放新贷款？

　　作为企业的供应商，你是否需要调整对辅仁药业的销售政策？

　　作为企业产品的购买者，你是否还会向企业提前支付购货款？

　　作为企业的基层员工，你是不是要考虑换个地方上班？

　　我相信，肯定有个人或单位早就采取了减损措施，也肯定有个人或单位一直陪伴企业直至退市。

　　关于与辅仁药业退市有关的风险讨论，请读者参考本书中的相关内容。

　　你可能会说：张老师，我从会计专业毕业，学了很多会计课程，也学过财务报表分析课程。现在我在企业从事财务管理工作，对于各种财务指标都非常熟悉。那么，我的财报分析能力是不是就达标了？

　　我想说的是：你学的财报分析知识的用处非常有限，或者说基本上不能应对实践中的企业财报分析。

　　真的吗？

真的！

回想一下，你学习的财报分析是不是比率分析？

问你几个问题：比率分析方法是从哪里学来的？在计算财务比率时，你关注了什么？你是否考虑了财务比率计算背后的管理逻辑、业务逻辑、竞争力因素等？

对于上述问题的回答一般是这样的：我们现在所用的财务比率分析方法主要源自基于美国财报信息披露特征和美国资本市场环境及会计准则制约下所形成的方法，然而，这些方法并不完全适用于中国的财报分析。**财务比率分析主要关注会计概念及概念之间的关系，不关注概念背后的管理逻辑、业务逻辑及企业在市场中的竞争地位等。**

仅仅计算比率而忽略其他因素，结果就是你会计算比率、比较大小，但据此对企业现状和未来发展前景做出的判断，可能与企业的实际状况大相径庭。

下面讲一个"害人不浅"的比率——资产负债率。

资产负债率就是用企业在某一特定日期的负债总额除以资产总额再乘以 100％得到的比率。该比率反映了企业的全部资产中，企业债务对资产的贡献度。

不知道从何时起，人们把资产负债率视为度量企业风险尤其是偿债风险的最重要比率，并"发明"了资产负债率的"红线"。比如，当一家企业的资产负债率在 70％左右时，就被认为处于负债规模的"红线"区域。因此，去杠杆、降低负债率等成了企业轰轰烈烈要做的事情。

这就是只关注会计概念（如资产、负债），不关注概念背后的结构、管理和竞争力的恶果。

实际上，企业的负债除了各类贷款外，还有与企业经营活动规模、企业在市场中的竞争地位直接相关的经营性负债。对于业务规模大、竞争处于优势地位的企业而言，其债务规模较大恰恰是企业竞争优势的体现。如果企业在这样的高负债条件下还在加速发展，你担心什么？

当然，如果企业的债务结构中贷款占比过高，且业务不能带来足够的经营性负债，则企业可能面临较大的债务压力。

因此，比率数据不是很重要，重要的是比率背后的管理逻辑。

上面关于财务比率的内容，有会计基础的读者很容易理解。会计基础较为薄弱的读者可能现在看不太懂，但学完本书后再回过头来看这部分内容，体会将不一样。

所以说，即使是会计学、财务管理专业的毕业生，在大学中学习过“财务报表分析”课程，即使现在正从事财会相关工作，也经常进行财务报表分析，本书也值得一读，它将给你带来更大的收获。

我曾在对外经济贸易大学、清华大学、中国人民大学、浙江大学、上海交通大学、长江商学院等 30 多所高校开设 EMBA 课程，吸引了众多企业高管前来学习。

他们在财会方面也有很多困惑，比如：非财会出身的高管表示自己根本看不懂财务报表，没有财务数据支持容易导致一些决策失误；有的企业投入了大量精力进行招聘，却难以找到既懂财会业务又懂管理的财会人员。

看懂财务报表对一家企业的管理者到底有多重要呢？

我教过的一个 EMBA 学员，是东北某药厂的董事长。几年前，他打算出售自己经营的一家公司的股份。在出售之前，他满面愁容地对我说："张老师，一盒药我知道卖多少钱，但是卖公司的股份我真不知道能卖多少啊！现在买方给了一些评估数据，我也看不懂，不知道公司到底能卖多少钱。您能帮我看看吗？"

他告诉我，之前买方的评估师用了两种方法对公司的价值进行评估：第一种方法是重置成本法，估值是 1.6 亿元；第二种方法是收益现值法，估值是 3 亿元。买方希望在 1.6 亿元至 3 亿元之间确定公司的价格。他对此感到非常困惑，同是一家公司，为何估值差异如此之大？他心里特别没底，于是希望我出面参与公司出售的谈判。

在谈判前，我仔细分析了这家药厂近三年的财报。根据财报数据和董事长的介绍，我摸清了公司的基本财务状况和发展前景，并考虑了当时资本市场上市公司收购非上市公司的具体情况。经过艰苦谈判，最终我们成功地将公司的价值确定为 3.6 亿元。

实际上，这个董事长根据经验和直觉，认为公司的估值在 2 亿元左右。这 1.6 亿元（3.6－2）的增值，正是财会专业知识的价值体现。

所以，**懂财会，是新时代对管理者的基本要求**，也是我在教学过程中提供给企业管理者的价值。只懂业务、不懂财会的**管理者，很难知道自己的管理行为会埋下什么隐患，而且很可**

能错过重大的发展机会。**仅仅埋头经营，很难赢得未来。既懂经营，又懂财会，才能赢得未来。**

财报的难题不是数据本身，而是背后的管理逻辑！

其实，无论是财会人员还是企业的管理者，都经常会遇到很多财务上的难题，而实用的财报分析正是解决这些问题的最佳工具。

现在，我要把我积累的基于中国情境的财报分析精华分享给你。通过认真学习，你将成为一个机敏的管理者，深度挖掘财务信息将成为你的习惯。通过挖掘财务信息来引领企业管理变革，将是你的成功之道。本书一定会助你早日登上事业的高峰。

本书通过三个模块展开，向大家分享一种全新的方法论。

第一模块，财报通识。 读懂财报是当今企业管理者、资本市场投资者、金融从业人员以及企业财会人员的核心能力。在这一部分，我将通过三大报表的核心内容分析，**对公司的过去进行总结，对公司的现状进行诊断，对公司的未来进行预测，做到用数据来把握企业的未来。**

第二模块，如何少花钱多赚钱？ 财报中的利润是过去的数据。与其盯着利润看，不如顺藤摸瓜找发展。在这个模块，我会与你一起解决公司最关注的盈利与赚钱的问题，教你用最少的资源消耗产生最大的效益。在现金为王的时代，**挖掘源源不断的现金流才是企业管理的重中之重。**

第三模块，用财务数据做决策。 除了日常经营，公司总是有一些重要决策要拍板，与其非理性地拍脑袋决策，不如看看财务报表。围绕公司的固定资产、产品如何制定出长期的发展战略？企业的业务结构和财务绩效与其股价在资本市场的表现之间有什么关系？这些我都会为你一一讲解。

作为一名教书育人的老师，在与学生的每次交流中，我都深刻地意识到财报的学习不应只停留在书本和课堂上。只有将财报背后的管理思维用于实际决策，才能真正做到活学活用。

财报数据背后隐藏的 90% 的信息，正是照亮每个财务人和管理者前途的一盏明灯。在当今社会，读懂财报是商业世界对现代人的基本要求。

财会从业人员，请记住：**懂财报，不止于看数据**。企业管理者，提醒你一句：**做企业，不只是凭直觉**。

祝财报分析能让你成为"**更有价值的人**"！

财报通识：只要认识中文，就能看懂报表

公司利润表丨探探虚实，公司业绩表现如何？（概念篇）

　　一提到财务报表分析，一定离不开基本财务报表。按照现在的财报信息披露要求，企业需要披露四张财务报表，分别是资产负债表、利润表、现金流量表以及股东权益（或所有者权益）变动表。

　　但是，根据我的研究经验，在大多数情况下，通过对资产负债表、利润表和现金流量表进行分析，基本上就可以把握企业的整体财务状况。股东权益变动表，基本上可以忽略。

　　在进一步讲解之前，我问你一个问题：当你面对一家企业的财务报表时，怎样才能尽快了解这家企业的财务状况呢？你应该按照怎样的顺序来阅读和分析财报呢？

　　当然，对于能够熟练进行财报分析的人士，这根本不是问题。但对于此前没有系统学过财报分析的人，这还真是个问题。

一、如何理解三张基本财务报表

1. 资产负债表

　　资产负债表反映特定时点（如某一天）企业所拥有的可以用货币表现的资源，这些资源是企业进行投资与经营的财务基础。企业所取得的所有财务业绩，一定需要财务资源来支撑。因此，资产负债表可以用两个字来概括：**底子**。资产负债表反映了企业所拥有的**"家底"**。

2. 利润表

利润表反映在特定时期企业所取得的财务业绩，既包括营业收入，也包括成本和利润等。当我们谈及企业盈利能力时，实际上就是在讨论利润表的内容。利润表的表现，对于企业的经营者和管理者而言，具有极其重要的意义——利润的规模和结构在很大程度上将决定投资者对企业经营者和管理者的业绩评价，进而影响经营者和管理者的个人薪酬。因此，利润表也可以用两个字来概括：**面子**。利润表反映了企业财务绩效的**"脸面"**。

3. 现金流量表

现金流量表反映在特定时期企业因经营活动、投资活动和筹资活动所产生的现金流入、现金流出状况。

当我们想知道一家企业是否能盈利时，要看利润表；当我们想了解一家企业是否能赚钱时，就要看现金流量表了。

现金流量表将告诉你，企业的钱是从哪里来的，又花在了什么地方。因此，现金流量表也可以用两个字来概括：**日子**。**现金流量表反映了企业日常现金流转的状态。**

二、企业盈利与赚钱是一回事吗？

日常生活中，人们往往认为盈利的企业就是在赚钱，但实际上这两者并不等同。

有时，企业利润表上的利润表现很好，但现金流量表上的现金流表现较差，企业呈现出盈利不赚钱的状态；有时，企业利润表上的利润表现较差，但现金流量表上的现金流表现很好，企业呈现出亏损但有钱花的状态。当然，最理想的状态是企业既有利润，又有钱花。

这种盈利与赚钱之间的脱节，是由会计上的不同报表"各司其职"决定的：利润表展示的是企业是否盈利，利润来自哪里；而现金流量表展示的是企业的钱来自哪里，又去了哪里。

这一节主要是为平时看财报比较少、财报分析基础稍差的读者准备的，以便他们更好地理解相关内容。建议读者看到报表中的一些专业词汇的时候，根据自己的理解记录下来。如果读者以前已经对利润表有所了解，也可以跳过本节直接阅读后面的内容。

不过，我还是强烈建议此前没有读过我的财务报表分析书的读者（即使你是会计专业出身），一定要学习本节的内容，因为其中包含了不少在你原来的学习中没有接触到的新知识。

在本节，我将为大家讲解利润表的基础知识，主要有以下三点：

第一点，利润表有什么用？

第二点，利润表中包括哪些项目？

第三点，利润表中有哪些利润概念？

三、利润表的作用

首先，我们来探讨一下利润表的作用。或许你曾思考过，企业是什么。我告诉你，大多数企业要在满足市场需要的条件下合法地获取利润，因此，可以说企业是以营利为目的的经济组织。

当然，并不是所有的企业都以营利为目的。比如，一些人民群众生活基本必需品的提供者，就不能以营利为目的，而要以保障人民群众基本生活、维持社会稳定为目的。

但是，无论如何，多数企业都需要具备一定的盈利能力。**利润表就是展示企业盈利能力的报表。**

学完后面的内容你会清楚地认识到，利润表的结构、规模以及变化的方向，在相当大的程度上反映了企业未来的发展前景。

四、利润表中的主要项目

接下来，我们一起来看看：利润表中主要包含哪些项目？不同公司的利润表看起来差不多，项目和结构基本上也差不多。

案例分析　认识利润表——以恒瑞医药为例

表 1-1 是上市公司江苏恒瑞医药股份有限公司（简称恒瑞

医药）2023 年度合并利润表（节选），我们来仔细分析一下。

表 1-1　恒瑞医药 2023 年度合并利润表　　　　单位：元

项目	2023 年度	2022 年度
一、营业总收入	22 819 784 741.31	21 275 270 681.52
其中：营业收入	22 819 784 741.31	21 275 270 681.52
二、营业总成本	18 214 152 501.77	17 747 084 300.60
其中：营业成本	3 525 247 786.91	3 486 638 890.09
税金及附加	219 257 133.43	190 388 735.65
销售费用	7 577 175 913.92	7 347 893 145.32
管理费用	2 416 974 460.17	2 306 477 951.60
研发费用	4 953 887 105.16	4 886 552 651.32
财务费用	−478 389 897.82	−470 867 073.38
其中：利息费用	5 903 776.07	6 491 852.72
利息收入	477 143 415.78	385 275 275.77
加：其他收益	498 485 970.59	287 401 388.30
投资收益	−49 156 803.96	387 364 612.91
公允价值变动收益	−58 256 927.73	76 502 527.08
信用减值损失	17 254 496.20	−26 284 422.21
资产减值损失	−107 216 559.21	−146 684 220.61
资产处置收益	3 162 510.78	5 473 705.52
三、营业利润	4 909 904 926.21	4 111 959 971.91
加：营业外收入	3 798 351.90	2 081 701.57
减：营业外支出	246 593 587.87	145 549 554.63
四、利润总额	4 667 109 690.24	3 968 492 118.85
减：所得税费用	389 288 987.74	153 350 539.23
五、净利润	4 277 820 702.50	3 815 141 579.62

首先，你要知道：**利润表是反映在一定时期企业盈亏情况的报表。看一看，利润表的最后一行是什么？净利润。它反映了在一定时期企业获得的纯利润。**

接下来，我们来拆解一下利润表上的所有项目。拆解之前，我先说一个大概的逻辑主线。**利润表上的基本关系可以简单表达为：**

收入－费用＝净利润

最简单的理解是：收入是使企业净利润增加的项目，如营业收入、投资收益、公允价值变动收益、利息收入、其他收益、营业外收入等。

费用是使企业净利润减少的项目，代表企业为实现净利润而发生的资源消耗，如营业成本、税金及附加、销售费用、管理费用、研发费用、利息费用、资产减值损失、营业外支出等。

这里涉及的概念较多，大家不要着急，听多了、看多了，自然而然就记住了。

在了解了这个逻辑主线后，我们来看看：利润表具体有哪些项目呢？

我们一起来认识一下利润表上的各个项目。

第 1 个项目是营业总收入，顾名思义，它是指公司在特定时期所获得的营业额。有的公司业务比较多，收入来源也复杂多样。这时，这家公司的营业总收入就有更详细的分类。比如，你与朋友合伙开了一家书店，书店不仅卖书，还卖咖啡，并出租部分专柜。如此一来，你的营业总收入除了主营的卖出书籍的所得，还包括咖啡销售收入和专柜出租收入。

按照现在非金融上市公司的财务报告披露格式，营业总收入包括两部分：一是营业收入，即企业销售商品、提供服务所获得的收入；二是其他类金融业务收入，企业如果从事金融类业务，其相关收入就要归于该项目。

第2个项目是营业总成本，即企业为获得营业总收入而消耗的各种资源，包括营业成本、销售费用、管理费用、研发费用、利息费用以及其他业务成本（金融类）等。

由于在利润表上没有另外一个概念：营业总收入减去营业总成本等于什么，因此，营业总成本就是一个数字，在分析中没什么价值，可以忽略。

应该关注的，是营业成本等各个具体项目。

说回书店。书店的营业成本，也就是书的进价成本或者自行印制书籍的生产成本。当然，书店的营业总成本中还包括管理费用、销售费用、缴纳的税金等。

第3个项目是营业成本，即企业销售商品或提供服务的直接代价。比如，书店售出一本进价为30元的书，售价是50元。那么，书店利润表上的营业收入就是50元，营业成本就是30元。

第4个项目是税金及附加。它主要包括与营业收入有关的消费税、城市维护建设税、教育费附加等。

第5个项目是销售费用，即为了促销和推广产生的费用。比如，书店为了宣传而发生的广告费、**销售人员的工资、为销售而发生的各种展览费支出等**。

第6个项目是管理费用，即管理企业所发生的各种费用。

比如，**办公费、差旅费、企业高管的工资等。**

　　第 **7** 个项目是研发费用，即企业搞研发而发生的各种费用。这项费用一般在高新技术公司中占比较高。

　　第 **8** 个项目是利息费用，即企业融资时发生的利息支出。

　　第 **9** 个项目是资产减值损失。这个项目名称感觉比较复杂，你只需要记住这个项目反映的是企业资产贬值所带来的损失就行了。

　　比如，书店购进了一批书，每本进价为 30 元，计划以 50 元一本的价格出售，结果这批书未能按照预期卖出。到了年底，还有 100 本没有卖出，如果想卖出，每本只能卖到 25 元；由于这批书不能退回去，只能低价出售。这样，在年底的时候，每本书实际上已经发生了 5 元的减值损失，100 本书累计就是 500 元的损失。因此，在年底编制的利润表上，资产减值损失就是 500 元。

　　第 **10** 个项目是信用减值损失。信用减值损失原来归类于资产减值损失，后来"独立"出来了。信用减值损失就是企业在各类债权上发生的损失。

　　第 **11** 个项目是其他收益。目前其他收益的主要内容是政府补贴。

　　第 **12** 个项目是投资收益，即公司通过各种投资获得的利润。企业获得投资收益的途径很多，比如，公司账户里的钱暂时不需要动用，就可以用来做理财，赚取一定的收入，这就是投资收益。另外，买卖股票赚取的利润、分得的红利等，也属于投资收益。

　　第 **13** 个项目是公允价值变动收益。这个项目反映了企业持有的特定资产由于市场价值发生变化所产生的增值。比如，企业在资本市场进行经常性（非长期持有）股票交易。若企业在某时点购入股票共计花费了 100 万元，而到了 12 月 31 日，这些股票的市场价值已经涨到了 400 万元，这 400 万元就是公允价值。因此，12 月 31 日的股票投资账面价值就不是 100 万元了，需要按照 400 万元进行调整，多出来的 300 万元就是公允价值变动收益。当然，如果在 12 月 31 日股票的市场价值跌到 20 万元，企业将产生 80 万元的公允价值变动损失。

你可能会问：上面这 300 万元虚不虚呀？有钱跟进吗？答案是：虚，在你不出手销售之前，肯定没有钱跟进。

记住这一点，建议你在公允价值变动收益旁边标注上"虚"这个字。

第 14 个项目是资产处置收益，就是公司出售原有的固定资产或者无形资产而获得的利润。比如，几年前，一家公司变卖了其名下的几套学区房，出售这些学区房所赚的利润体现在利润表项目中，就是资产处置收益。

五、利润表中的利润概念

在了解了利润表的主要项目后，我们来看看：利润表中有哪些利润概念呢？

（一）利润表中看得见的利润概念

我们先来看利润表中看得见的利润概念。利润表中可以直接看到的利润概念是营业利润、利润总额和净利润。

1. 营业利润

营业利润是利润表上能够看到的第一个利润概念。这里特别要注意的是：**营业外收入、营业外支出是不能算进去的！**

什么是营业外收入呢？它是指那些与公司经营和投资没什么关系的收入。比如，企业对员工的罚款或者员工给企业的赔偿款。以书店为例，书店员工因玩忽职守致使书籍被盗或损坏，书店按照规定对负有责任的员工进行罚款，所收到的罚金就属于企业的营业外收入。

此外，企业无法付出去的应付款也属于营业外收入。比如，书店出租柜台一般会预收一部分押金，如果某些租户既不续租也不取回押金，那么这笔无法付出的应付款就成了书店的营业外收入。

可见，营业外收入本质上是那些与企业自身的营业活动没关系、不是直接从客户那里获得的收入。

同样，营业外支出也与企业的经营和投资没什么关系。有些公司出于社会责任会对外捐赠，如为抗击自然灾害所做出的捐赠就属于营业外支出。还有的公司由于违反了某些法律法规（如偷漏税、违章建筑等）而遭受处罚，这种处罚所产生的支出也属于营业外支出。

营业利润的计算，就是把企业除了营业外收入以外的各种收入都加在一起，减去企业除了营业外支出和所得税以外的各种成本、费用和损失，所得出的利润。

以书店为例，我们做这样的假设：书店一年内卖书款为

50 000 元，这些书的进价是 30 000 元。发生税金及附加 1 000 元、销售费用 5 000 元、管理费用 10 000 元、库存图书发生减值损失 800 元；发生理财收入（理财收入属于投资收益）3 000 元、存款利息收入 1 000 元；收到员工违规罚款（属于营业外收入）500 元；对外捐赠（属于营业外支出）1 000 元；所得税支出为 900 元。

在计算企业的营业利润时，除了营业外收入、营业外支出和所得税以外的项目都要进行加减计算，即

$$
\begin{aligned}
营业利润 &= 营业收入 - 营业成本 - 税金及附加 \\
&\quad - 销售费用 - 管理费用 - 资产减值损失 \\
&\quad + 投资收益 + 利息收入 \\
&= 50\,000 - 30\,000 - 1\,000 - 5\,000 - 10\,000 \\
&\quad - 800 + 3\,000 + 1\,000 \\
&= 7\,200（元）
\end{aligned}
$$

回顾一下：书店的员工违规罚款 500 元，属于营业外收入；对外捐赠 1 000 元，属于营业外支出。当我们计算营业利润时，这两项是不能包括进去的！

2. 利润总额

知道营业利润之后，就可以计算利润总额了。如果利润总额为负数，就成了亏损总额。利润总额的计算方法如下：

$$
利润总额 = 营业利润 + 营业外收入 - 营业外支出
$$

实际上，利润总额与营业利润的差异就在于营业外收入与营业外支出这两个项目。在书店的例子中，利润总额＝7 200＋

500－1 000＝6 700（元）。

3. 净利润

净利润反映了企业特定期间获得的最终利润，它就是我们俗称的纯利润。净利润的计算方法如下：

净利润＝利润总额－所得税

在书店的例子中，我已经告诉大家：所得税是 900 元。因此，净利润＝6 700－900＝5 800（元）。

（二）两个重要的利润概念

仅仅依靠利润表中看得见的这三个利润概念来分析企业的利润表是远远不够的。为了能够看透企业的利润表，我再给大家补充两个利润概念：毛利与核心利润。这两个利润概念虽然并未在报表上直接体现，但是特别重要。

1. 毛利

毛利虽不在利润表中单独显示，但这个概念必须要掌握。毛利是营业收入与营业成本的差额。在书店的例子中，卖一本书的营业收入是 50 元，营业成本是 30 元，那么，毛利就是20 元。

与毛利相对应的还有一个重要比率，即毛利率。它是用毛利除以营业收入来计算的。比如，卖一本书得到毛利 20 元，营业收入为 50 元，那么，这本书的毛利率就是 40%。

2. 核心利润

核心利润是第二个我要特别强调的利润概念。它是我和钱

爱民教授共同探究出来的一个利润概念。

细心的读者可能注意到了：在营业利润的计算中，既包括与营业收入有关的收入、成本和费用，也包括可能与营业收入没有直接关系的项目，如投资收益、公允价值变动收益、利息收入等。

在极端的情况下，企业的营业收入的盈利能力可能并不强，但投资收益和政府补贴收入比较多，就有可能夸大营业收入的盈利能力。

比如，一家公司虽然有自己的产品经营业务，但业务能力太弱，根本没有盈利能力。不过该公司对政府补贴政策的研究能力很强，总能获得政府补贴。这样的公司，计算出来的营业利润可能还很高，但这种高并不是其自身主营业务带来的，因此具有极强的迷惑性和误导性。

又如，有的企业产品的市场开拓能力和盈利能力都不强，但企业在资本市场表现出色，通过炒股票、搞投资等方式获得了显著的投资收益，且持有的股票还总能增值。这样的企业，虽然其营业收入带来利润的能力不强，但由于投资收益和公允价值变动收益的加持，营业利润看起来依然很高。

问题出在哪里呢？就出在营业利润的概念里：从计算过程来看，营业利润既与营业收入和企业的经营活动有关，也与政府补贴和投资活动等有关，已经成了一个**"大杂烩"**。

为了避免被这种具有误导性的利润信息所迷惑，我们创造了一个新的利润概念：核心利润。

核心利润的计算公式如下：

$$核心利润＝营业收入－营业成本－税金及附加$$
$$－销售费用－管理费用－研发费用$$
$$－利息费用$$

简单来说，就是**"1 收入减 1 成本 5 费用"**。其中，"1 收入"——营业收入；"1 成本"——营业成本；"5 费用"——税金及附加、销售费用、管理费用、研发费用和利息费用。

你是不是有所体会了："1 成本"和"5 费用"在很大程度上与营业收入有关。因此，**核心利润可以用来衡量企业营业收入的盈利能力**。了解了营业利润中的核心利润这一概念后，我们就可以对利润表进行更深入的分析了。

需要说明的是，我在不同的书中，对核心利润的概念有不同的表述。差异主要体现在两个项目上：一是利息费用；二是其他收益。

如果企业的贷款与营业收入有关，如企业在经营活动的早期发展阶段，需要贷款来支持存货采购、工资发放以及广告营销等各种活动，则利息费用就属于为产生营业收入而发生的，其作为核心利润的减除项目就是合情合理的。

在很多情况下，企业的经营活动能够产生足够的现金流量，维持经营活动的正常运转完全不成问题。此时的贷款，或是为了对外投资，或是为了购建固定资产，或是纯粹因为利率优势（一些具有竞争优势的企业可以获得低息贷款）而举借。在这种情况下，这类贷款产生的利息费用与企业的经营活动就没有关系了。

这些问题，请读者在分析时多加关注。

在本书中，为了避免概念混淆，核心利润是指减除利息费用后的数额。

另一个值得关注的项目是其他收益。

从当前上市公司披露的其他收益的构成看，其他收益的主要内容是政府提供的各种名目的补贴。

案例分析 其他收益分析——以长城汽车为例

下面为长城汽车股份有限公司（简称长城汽车）2023年年报中计入其他收益的政府补贴的构成，如表1-2所示。

表1-2 长城汽车计入其他收益的政府补贴　　单位：元

项目	2023年度	2022年度	与资产/收益相关
汽车报废补贴	715 270 703.32	396 239 736.76	与收益相关
技改专项资金	85 224 776.36	1 030 704.00	与收益相关
福利企业增值税即征即退	37 327 211.34	39 889 860.72	与收益相关
国家级高技能人才培训基地补贴	36 957 642.00	3 303 269.30	与收益相关
稳岗补贴	20 368 930.94	46 536 137.69	与收益相关
外贸经济发展补贴	13 599 230.00	16 961 973.15	与收益相关
就业补贴	9 958 391.58	3 616 981.55	与收益相关
工业信息化专项资金	8 480 833.41	4 317 700.00	与收益相关
产业扶持补贴	4 930 000.00	24 659 000.00	与收益相关
出口补贴	1 500 000.00	10 441 122.68	与收益相关

续表

项目	2023 年度	2022 年度	与资产/ 收益相关
其他	52 885 487.13	27 857 833.19	与收益相关
递延收益摊销	213 751 715.49	261 974 013.21	与资产/ 收益相关
政府补助合计	1 200 254 921.57	836 828 332.25	

上表清晰地展示了企业获得的政府补贴的构成。请看最右边一列的说明：企业所获得的补贴，或者与收益（主要是营业收入）有关，或者与资产（肯定不是货币资金、应收账款等，极有可能是用于提升企业生产经营能力的固定资产等）有关。

这意味着，企业的"其他收益"项目，在很大程度上与企业营业收入存在直接或间接的关系。

在某些书中，我将其他收益并入了核心利润。这样做的好处是可以对资产中的经营性资产与利润表中包括其他收益的核心利润以及现金流量表中经营活动产生的现金流量净额进行系统分析。不足之处是其他收益毕竟不能由营业收入直接带来——其他收益取决于特定时期、特定地区的政府补贴政策，一般不具有长期的持续性。

因此，在本书中，我并没有把其他收益并入核心利润。

六、不同利润概念的用途

1. 毛利的用途

毛利是企业营业收入初始盈利能力的表现。企业的毛利规模必须达到相当的水平，才可能覆盖与营业收入关联度极高的税金及附加、销售费用、管理费用、研发费用和利息费用，从而获得核心利润。

2. 核心利润的用途

核心利润的创造就是要解决企业营业收入的盈利能力的衡量问题。它可以用于更好地考察企业的营业收入能否真正带来利润。如果把核心利润与营业收入进行比较，就可以得出核心利润率。

核心利润率＝核心利润/营业收入×100％

核心利润率越高，表明企业营业收入的盈利能力越强。

3. 营业利润的用途

从内容的构成来看，营业利润已经成了一个"大杂烩"，它反映了企业在一定时期的综合盈利能力。

有了前面的铺垫，营业利润的结构可以概括成"三支柱两搅局"：

"三支柱"包括：（1）由营业收入带来的核心利润；（2）主要由政府补贴带来的其他收益；（3）与营业收入毫无关系但大摇大摆"混入"营业利润、由非经营性资产带来（不是营业收入带来）的利息收入、投资收益和公允价值变动收益，上述三项收益或收入，我将其概括成杂项收益。

"两搅局"包括：资产减值损失和信用减值损失，也可以称为两减值或者两损失。

至于资产处置收益，就不要过多关注了。毕竟企业的持续发展不能靠卖房卖地来维持。

4. 利润总额的用途

利润总额比营业利润涵盖的范围更广，包括营业外收入和营业外支出。利润总额展示了企业营业与非营业所产生的所有利润，是企业在一段时间内使用了各种资源后获得的利润。我们经常说的"税前利润"，基本上指的就是利润总额。

5. 净利润的用途

净利润是企业可以进行支配、向股东分红的利润基础。在企业价值评估过程中，净利润还是重要的估值依据。

本节到这里就结束了。在本节中，我们主要讨论了公司利润表的三个基本问题：第一，利润表有什么用？第二，利润表中包括哪些项目？第三，利润表中有哪些利润概念？接下来，我将用专业的分析方法教你看到利润表中蕴含的更加丰富的信息。

2. 公司利润表 | 探探虚实，公司业绩表现如何？（分析篇）

在本节，我将介绍查看利润表的**五步分析法**，帮助你迅速找到企业盈利的关键点。

第一步，看一下营业收入的变化，是增长了，还是萎缩了。

第二步，看一下毛利的变化，是增加了，还是减少了；毛利率是变高了，还是变低了。

第三步，看一下营业利润的变化，是增加了，还是减少了。

第四步，看一下营业利润中核心利润、杂项收益和其他收益起了怎样的支撑作用。

第五步，体会企业利润的虚和实。

第一步，看一下营业收入的变化，是增长了，还是萎缩了。

这就需要看一下公司整体的经营情况是怎么变化的。

比如，有两家同行业的企业，其中一家企业在两年内的营业收入显著增加，而另一家企业的营业收入两年内基本保持稳定。你的第一感觉是怎样的？对这两家企业的景气程度是不是有了直观感受？从发展的角度来看，是不是觉得第一家比第二家更好一些？这就对了。因此，**看营业收入数据的变化，是一个重要的分析角度。**

第二步，看一下毛利的变化，是增加了，还是减少了；毛

利率是变高了，还是变低了。

观察企业毛利的变化，还可以分析与营业收入相对应的毛利率，看看它是变高了，还是变低了。

通过这两个数据，我们就可以得知企业的初始盈利能力。在营业收入基本相当的情况下，毛利率高的企业会有更大的毛利规模；在毛利率基本相当的情况下，营业收入高的企业会有更大的毛利规模。

简单来说，如果两家公司的营业收入差不多，毛利率高的公司更好；如果两家公司的毛利率差不多，那么对比两家公司的营业收入，营业收入高的公司更好。

第三步，看一下营业利润的变化，是增加了，还是减少了。

营业利润增加一般表明企业处于利润增长的阶段。

上面三步都是基于基本的数据，只需要比较数据的大小，接下来的两步更重要，即便是具有多年财会经验的专业人士，也可能不甚了解。

第四步，看一下营业利润中核心利润、杂项收益和其他收益起了怎样的支撑作用。

根据我的研究，营业利润有三大支柱，分别是核心利润、杂项收益和其他收益。其中，核心利润是企业日常经营活动赚得的利润，杂项收益是企业投资活动赚得的利润，其他收益主要是政府补贴收入。

为了说明这一问题，我们仍以前面提到的书店为例进行分析。书店一年的卖书款为 50 000 元，这些书的进价是 30 000 元；发生税金及附加 1 000 元、销售费用 5 000 元、管理费用

10 000 元、库存图书发生减值损失 800 元；发生理财收入（理财收入属于投资收益）3 000 元、存款利息收入 1 000 元；收到员工违规罚款（属于营业外收入）500 元；对外捐赠（属于营业外支出）1 000 元；所得税支出为 900 元。

当时营业利润是这样计算的：

$$
\begin{aligned}
营业利润 =\ & 营业收入－营业成本－税金及附加 \\
& －销售费用－管理费用－资产减值损失 \\
& ＋投资收益＋利息收入 \\
=\ & 50\,000－30\,000－1\,000－5\,000－10\,000 \\
& －800＋3\,000＋1\,000 \\
=\ & 7\,200（元）
\end{aligned}
$$

我们来看一下，核心利润、杂项收益和其他收益在营业利润中有怎样的贡献（注意，本例中的研发费用、利息费用和计入其他收益的政府补贴收入都为 0）：

$$
\begin{aligned}
核心利润 =\ & 营业收入－营业成本－税金及附加 \\
& －销售费用－管理费用－研发费用 \\
& －利息费用 \\
=\ & 50\,000－30\,000－1\,000－5\,000－10\,000－0－0 \\
=\ & 4\,000（元）
\end{aligned}
$$

杂项收益为 4 000 元（包括 3 000 元的投资收益和 1 000 元的利息收入），其他收益为 0。

这说明，企业营业利润的主体是与经营活动密切相关的核心利润，为 4 000 元；杂项收益的贡献也很大，达到了 4 000 元。

再强调一下，企业的营业利润有三大支柱：一是出售产品或提供服务获得的核心利润；二是杂项收益；三是政府补贴所形成的其他收益。

思考

三大支柱在营业利润中到底起了怎样的支撑作用？核心利润在营业利润中的占比情况如何？

为什么要关注这两个问题呢？因为企业营业利润的三大支柱背后显示的是企业不同的竞争力。如果企业的核心利润在营业利润中占据主导地位，一般说明企业的产品能够带来利润，并具有较强的市场竞争力；如果企业的杂项收益在营业利润中占据主导地位，一般说明企业的对外投资质量较高或者对外投资的管理水平较高（也可能是企业的利息收入较高）；如果代表企业获得政府补贴的其他收益在营业利润中占据主导地位，一般说明企业的产品经营符合国家或者地方政府在特定时期的产业支持政策，或者企业研究和利用政府补贴政策的能力较强。当然，**企业最应该追求的是核心利润占据主导地位的利润结构。**

总结

虽然企业的核心利润、杂项收益和其他收益分别代表企业在某一方面的竞争力，但企业可持续发展的根本还是在于核心利润。因此，核心利润在营业利润中占据主导地位的企业，通常拥有更好的发展前景。

第五步，体会企业利润的虚和实。

知道利润的规模和结构之后，下一步就是要看看企业利润的虚和实。对于企业利润的虚和实，主要有三个分析要点。

（1）**在企业的营业利润中，核心利润不占据主导地位的企业，利润比较虚。**

这就是说，核心利润在营业利润中占比较低、主要依靠政府补贴和杂项收益支撑的企业，要么是其他收益和杂项收益实在是高，要么是盈利能力不足，产品或者服务的市场竞争力不强，维持不了长久的发展。在这种情况下，营业利润是比较虚的。注意，这里的"虚"，是指企业经营活动的市场竞争力和盈利能力较弱。

（2）**营业收入下降、毛利规模缩减的企业，营业利润比较虚。**

结合前面几个步骤的数据比较，如果企业的营业收入和毛利规模都是下降的，那么，企业的核心利润也很难达到较高水平。

（3）**不能带来充足的经营活动产生的现金流量的核心利润比较虚。**

由于会计核算的原理问题，利润表中的核心利润与核心利润能够带来的现金流量并不是一回事儿。用专业术语来说：**利润表是按照权责发生制编制的，现金流量表是按照现金收付制编制的。**关于权责发生制和现金收付制的具体含义，可以去看会计学原理的相关内容。

请牢记：利润表展示的是企业的盈利能力，现金流量表展

示的是企业的赚钱能力。

尽管如此，我们期望看到的是这样的良性发展：企业既有较高的核心利润，也有较强的获得经营活动产生的现金流量的能力——**既盈利又赚钱的企业，才是能健康发展的企业。**

五步分析法讲到这里，你是不是觉得内容有点多？比较晕？晕，就对了！因为你还没结合具体的数据来体会。

案例分析 五步分析法看恒瑞医药

下面，我将运用五步分析法对前面展示的恒瑞医药合并利润表（个别与分析无关的项目已经删除，见表 2-1）进行逐步分析。这是我专门设置的实战环节。

表 2-1 恒瑞医药 2023 年度合并利润表　　单位：元

项目	2023 年度	2022 年度
一、营业收入	22 819 784 741.31	21 275 270 681.52
减：营业成本	3 525 247 786.91	3 486 638 890.09
二、毛利	19 294 536 954.40	17 788 631 791.43
毛利率	84.55%	83.61
减：税金及附加	219 257 133.43	190 388 735.65
销售费用	7 577 175 913.92	7 347 893 145.32
管理费用	2 416 974 460.17	2 306 477 951.60
研发费用	4 953 887 105.16	4 886 552 651.32
财务费用	−478 389 897.82	−470 867 073.38
其中：利息费用	5 903 776.07	6 491 852.72
利息收入	477 143 415.78	385 275 275.77

续表

项目	2023 年度	2022 年度
加：其他收益	498 485 970.59	287 401 388.30
投资收益	−49 156 803.96	387 364 612.91
公允价值变动收益	−58 256 927.73	76 502 527.08
信用减值损失	17 254 496.20	−26 284 422.21
资产减值损失	−107 216 559.21	−146 684 220.61
资产处置收益	3 162 510.78	5 473 705.52
三、营业利润	4 909 904 926.21	4 111 959 971.91
加：营业外收入	3 798 351.90	2 081 701.57
减：营业外支出	246 593 587.87	145 549 554.63
四、利润总额	4 667 109 690.24	3 968 492 118.85
减：所得税费用	389 288 987.74	153 350 539.23
五、净利润	4 277 820 702.50	3 815 141 579.62

注：毛利＝营业收入−营业成本；毛利率＝毛利/营业收入×100%。

下面我们看看数据是怎么说话的。

第一步，看一下营业收入的变化，是增长了，还是萎缩了。

从表格中，我们可以看到 2022 年企业的营业收入是 212.75 亿元，2023 年的营业收入是 228.20 亿元。企业的营业收入实现了小幅提升。这一数据在一定程度上说明企业在激烈的市场竞争中取得了营业收入增长的业绩。

第二步，看一下毛利的变化，是增加了，还是减少了；毛利率是变高了，还是变低了。

企业 2022 年的毛利为 177.89 亿元，2023 年的毛利为 192.95 亿元。

在毛利率不变的情况下，企业的营业收入增加毛利也会增加。实际计算的结果是，企业 2023 年的毛利率比 2022 年有所提升。

综上所述，企业在 2023 年取得了营业收入增加、毛利率提升和毛利增加的财务业绩。这意味着企业产品的市场竞争力在整体上有所提高，其初始盈利能力（获得毛利的能力）还在增强。

需要说明的是，毛利在减除各种成本和费用后才能得出核心利润和营业利润。因此，从对企业利润规模贡献的角度来看，毛利的规模大小比毛利率的高低更重要。但从企业产品初始盈利能力的角度来看，毛利率比毛利更重要。

第三步，看一下营业利润的变化，是增加了，还是减少了。

企业 2022 年的营业利润是 41.12 亿元，2023 年的营业利润是 49.10 亿元。企业的营业利润也在提升。

是不是感觉不错呀？

第四步，看一下营业利润中核心利润、杂项收益和其他收益起了怎样的支撑作用。

先看 2022 年。2022 年的营业利润为 41.12 亿元；利息收入为 3.85 亿元，投资收益为 3.87 亿元，公允价值变动收益为 0.77 亿元，因此，杂项收益为 8.49 亿元；其他收益也就是政府补贴收入为 2.87 亿元。杂项收益和其他收益这两项合计达到了 11.36 亿元！

由此，一个基本态势就很清楚了：企业的营业利润如果未受到两个减值（资产减值损失为 1.47 亿元和信用减值损失为

0.26 亿元，合计为 1.73 亿元）的影响，则可以达到 42.85 亿元（41.12＋1.73）。而在支撑这 42.85 亿元的三支柱中，其他收益为 2.87 亿元，杂项收益为 8.49 亿元，核心利润则为 31.49 亿元。核心利润占据营业利润的主体地位。

再看 2023 年。2023 年的营业利润是 49.10 亿元；利息收入为 4.77 亿元，投资收益为－0.49 亿元，公允价值变动收益为－0.58 亿元，因此，杂项收益为 3.70 亿元；其他收益为 4.98 亿元。杂项收益和其他收益这两项合计为 8.68 亿元！

同样，企业 2023 年营业利润的基本态势是：在 49.10 亿元的营业利润中，其他收益和杂项收益之和在下降，核心利润（不用计算具体数额）在营业利润中的占比无疑在提升。这意味着，企业营业收入的盈利能力在增强，核心利润在营业利润中的地位也在提升。

通过核心利润的状况，我们可以感受到企业产品的市场竞争力在逐步增强。

第五步，体会企业利润的虚和实。

我们从两个方面来考察。

第一，考察企业营业利润的结构。我们看到，从 2022 年到 2023 年，企业的营业利润呈现增长的态势，核心利润为营业利润的主体，并且占比在 2023 年得到了进一步提升。

可见，企业产品的市场竞争力还是比较强的。这种依靠核心利润支撑营业利润的企业，其营业利润是不虚的。

第二，考察企业核心利润带来现金流量的能力。虽然现在还没有展示现金流量表，但可以在这里先告诉大家：从利润表和现金流量表的对应关系来看，利润表中的核心利润加上其他收益对应的是现金流量表中的"经营活动产生的现金流量净额"。比较理想的状态是，利润表中的核心利润加上其他收益能够带来更高的经营活动产生的现金流量净额。

恒瑞医药 2023 年度合并现金流量表部分信息见表 2 - 2。

表 2 - 2 恒瑞医药 2023 年度合并现金流量表部分信息 单位：元

项目	2023 年度	2022 年度
经营活动产生的现金流量净额	7 643 665 074.52	1 265 264 631.93

从上表数据可以看出：企业经营活动产生的现金流量净额在年度间有波动，这是企业日常经营中的常见现象。从两年的整体情况来看，企业经营活动产生的现金流量净额明显大于核心利润加上其他收益的规模。

这说明企业经营活动既能够带来一定规模的核心利润，也能够带来更大规模的现金流量。

至于这种对应关系为什么会出现，我在讲解现金流量时再详细阐述。

总而言之，这张利润表所反映的企业利润状况用一个字概括就是：实！

这一节的学习到此结束。在本节中，我们了解了为什么要先查看三大报表中的利润表，并学习了一个特别重要的方法：**五步分析法，它可以用于快速找到公司利润表中的关键点。**

> **总结**
>
> 　　一是学习本节内容的独特收获：我们考察一家企业的利润表时，**要了解的不只是单纯的利润规模，还要看利润的质量。**更为重要的是，**要考察利润数据背后企业真实的发展情况，评估企业的持续盈利能力。**也就是说，不能因为一家公司的利润高，就轻易判定它是一个好公司。一定要按照我教你的五步分析法来拨开数字迷雾看真相！
>
> 　　二是本节内容对大家职业生涯的可能贡献：要想高水平、全方位地了解企业的盈利能力和质量，**需要对企业利润的规模、质量、可持续性进行全面考察，**多角度、立体化地把握企业以盈利能力为核心的财务状况，将使你的财务报表分析能力与众不同。

有人可能会问：张老师，您能不能给我们展示一个更有意思的企业的利润表呀？当然可以！

案例分析　五步分析法看中芯国际利润表

下面我们来分析一家有意思的公司——中芯国际集成电路制造有限公司（简称中芯国际），该公司 2023 年度合并利润表、合并现金流量表部分信息见表 2-3。

表 2-3　中芯国际 2023 年度合并利润表、
合并现金流量表部分信息　　　　　单位：千元

利润表项目	2023 年度	2022 年度
一、营业收入	45 250 425	49 516 084

续表

利润表项目	2023 年度	2022 年度
减：营业成本	35 346 301	30 552 673
二、毛利	9 904 124	18 963 411
毛利率	21.89%	38.30%
减：税金及附加	222 659	271 585
销售费用	254 058	225 682
管理费用	3 152 891	3 041 583
研发费用	4 991 551	4 953 026
财务费用	−3 774 096	−1 552 088
其中：利息费用	1 479 733	850 310
利息收入	5 199 334	2 385 181
加：其他收益	2 577 275	1 946 389
投资收益	250 095	831 764
公允价值变动收益	356 595	91 303
资产减值损失	−1 343 532	−437 858
其中：存货跌价损失及合同履约成本减值损失	−1 343 532	−437 858
信用减值损失	9 411	−4 316
资产处置收益	−1 020	310 799
三、营业利润	6 905 885	14 761 704
加：营业外收入	11 716	10 904
减：营业外支出	77 183	13 044
四、利润总额	6 840 418	14 759 564
减：所得税费用	444 266	106 034
五、净利润	6 396 152	14 653 530

续表

利润表项目	2023 年度	2022 年度
三支柱情况：		
其他收益	2 577 275	1 946 389
核心利润	−196 768	9 621 225
杂项收益	5 806 024	3 308 248
现金流量表项目	**2023 年度**	**2022 年度**
经营活动产生的现金流量净额	23 047 761	36 591 209

下面按照我提出的五步分析法对中芯国际利润表展开分析。

第一步，看一下营业收入的变化，是增长了，还是萎缩了。

企业 2022 年的营业收入是 495.16 亿元，2023 年的营业收入是 452.50 亿元。一年内营业收入减少了 40 多亿元，出现了下降的态势。

第二步，看一下毛利的变化，是增加了，还是减少了；毛利率是变高了，还是变低了。

企业 2022 年的毛利为 189.63 亿元，2023 年的毛利为 99.04 亿元。因为营业收入下降且营业成本上升，毛利空间被压缩，毛利规模有了较大规模的下降。毛利规模下降将对企业的核心利润造成较大影响。

从毛利率来看，2022 年为 38.30%，2023 年为 21.89%。毛利率降低一般说明企业的市场竞争力有所减弱，也可能意味着市场竞争更加激烈，企业主动采取了降价竞争策略，或者企业对固定资产计提了较高的折旧等。毛利率大幅下降对企业市场竞争态势和盈利能力的维持非常不利。

企业目前面临的态势是：毛利率和毛利规模均出现大幅下降。

第三步，看一下营业利润的变化，是增加了，还是减少了。

企业 2022 年的营业利润为 147.62 亿元，2023 年的营业利润为 69.06 亿元。企业的营业收入、毛利和营业利润呈现朝同一方向变化的态势。

是不是感觉不太好呀？

第四步，看一下营业利润中核心利润、杂项收益和其他收益起了怎样的支撑作用。

先看 2022 年。企业 2022 年的营业利润为 147.62 亿元，杂项收益是 33.08 亿元，其他收益是 19.46 亿元，核心利润为 96.21 亿元。

看明白了吗？企业 147.62 亿元的营业利润中，核心利润占据了主导地位，但其地位并不稳固，杂项收益和其他收益的贡献同样不可忽略。

再看 2023 年。企业的营业利润为 69.06 亿元，杂项收益为 58.06 亿元且以利息收入为主，其他收益为 25.77 亿元。杂项收益和其他收益合计达到 83.83 亿元！与此形成鲜明对比的是，企业 2023 年的核心利润已经跌至负数了（如果不减去利息费用，核心利润虽能维持正数，但也仅勉强为之）！

看到这里，你是不是对企业未来的发展有所担忧了呢？

第五步，体会企业利润的虚和实。

第一点，在企业的营业利润中，核心利润已几乎无法做出

"正能量"的贡献了。对营业利润支撑力度最大的竟然是利息收入！这样的营业利润确实够虚的。

第二点，与企业核心利润表现不佳形成鲜明对比的是，企业经营活动产生的现金流量净额相当充裕！虽然核心利润加上其他收益的规模不大，但企业连续两年经营活动产生的现金流量净额都远远大于核心利润与其他收益之和。

这意味着，企业虽然盈利能力不佳，但在经营活动现金流量管理方面颇有心得。如果查阅中芯国际2023年的年度报告，就会发现企业在销售回款方面做得很不错：以预收款销售为主。

怎样从不同角度看待盈利能力和现金流量产生矛盾的问题？

我认为，企业之所以在现金流量管理方面表现得很好很实，一定是因为上下游看好企业未来的前景。而这种"看好"是与企业营业收入的成长性、盈利性紧密相连的。如果企业不能尽快扭转营业收入下滑、盈利能力下降的尴尬局面，那么其在现金流量方面的竞争力也可能会下降。

3. 现金流量表｜把握命脉，公司究竟能活多久？（概念篇）

在本节，我将重点讲解现金流量表的基本内容和结构。对现金流量表已经有所了解的读者，可以跳过本节的内容。

一、现金流量表的基本内容

顾名思义，现金流量表是反映企业在一定时期现金流入和现金流出状况的报表。这里的现金流入与现金流出，我们可以简单地理解为货币资金的流入与流出，也就是钱进来和钱出去的一种关系。

在现金流量表上，企业的现金流量分成三类：

- 经营活动产生的现金流量；
- 投资活动产生的现金流量；
- 筹资活动产生的现金流量。

这三类现金流量是怎么区分的呢？我们一起来了解一下各类现金流量的含义。

假设你现在投资了一家从事贸易的企业，在企业开始经营的几天内，发生了下面这些业务：第一天，你投资100万元成立这家企业。现在，你就是这家企业的股东了。从企业的角度来看，它从各位股东那里拿到资金，在现金流量表上就会表现为"吸收投资收到的现金"。这就属于**筹资活动产生的现金流量。**

对于第一天股东入资的这项业务，如果需要及时反映在现金流量表上，就应在筹资活动产生的现金流量一栏记上一笔，"吸收投资收到的现金"增加了 100 万元。

第二天，企业与一位房屋业主签订了为期两年的租赁合同，总租金为 40 万元，预付租金 20 万元；另外，企业还支付了 10 万元用于购买必要的、供企业长期使用的设备。这些行为对企业来说，是把钱花了出去，也就是引起了现金流出。

我们注意到，企业签订了为期两年的房屋租赁合同。企业签订超过一年的房屋租赁合同所预付的租金，就属于**企业的非流动资产**。按照规定，这种现金流出在性质上属于**投资活动产生的现金流量**，应计入"购建固定资产、无形资产和其他长期资产支付的现金"。

我们再看看企业购买设备的问题。企业购买的设备属于非流动资产，应计入**固定资产**。这样，在现金流量表上，购买设备支付的现金计入"购建固定资产、无形资产和其他长期资产支付的现金"。

因此，第二天企业预付租金 20 万元，并花费 10 万元购买供企业长期使用的设备，导致企业投资活动现金流出量增加，在现金流量表上表现为"购建固定资产、无形资产和其他长期资产支付的现金"增加了 30 万元。

到第二天为止，企业筹资活动现金流入量增加了 100 万元，投资活动现金流出量增加了 30 万元。现金流量净额等于 100 万元减去 30 万元，即增加了 70 万元。

第三天，企业支付货款 20 万元，从其他企业购买了一批货物用于销售。这里我们忽略增值税、运费等因素。对企业来说，这又是一项花钱、引起现金流出的业务。我们来看现金流量的分类，这项业务与企业日常经营活动直接相关，属于**经营活动产生的现金流量**。

所以，第三天企业购买用于销售的货物，导致现金流量表上的"购买商品、接受劳务支付的现金"增加了 20 万元。

到第三天为止，企业筹资活动现金流入量增加了 100 万元，投资活动现金流出量增加了 30 万元，经营活动现金流出量增加了 20 万元。现金流量净额等于 100 万元减去 30 万元再减去 20 万元，即增加了 50 万元。

请注意，随着各类业务的开展，企业的现金流量净增加额每天都处于变化之中。

是不是有点着急？企业怎么一直在花钱，什么时候才能赚钱呢？不要急，我们继续看下面的业务。

第四天，企业把 20 万元的货物中的一半卖出，售价为 30 万元，并收到全部货款。为了简化计算，我们仍忽略增值税因素。站在企业的立场上，这是一项收钱、引起现金流入的业务。在现金流量的分类上，这种与企业日常经营活动有关的现金流入属于**经营活动产生的现金流量**。

因此，第四天企业由于销售货物而导致现金流量表上的"销售商品、提供劳务收到的现金"增加了 30 万元。

到第四天为止，企业筹资活动现金流入量增加了 100 万元，

投资活动现金流出量增加了 30 万元，经营活动现金流出量增加
了 20 万元，经营活动现金流入量增加了 30 万元。现金流量净
额等于 100 万元减去 30 万元再减去 20 万元再加上 30 万元，即
增加了 80 万元。

> **总结**
>
> 　　在企业的各类业务中，与股东投入资金有关的活动属
> 于筹资活动；与企业购建固定资产、无形资产等有关的活
> 动属于投资活动；与企业日常经营中的货物采购、销售等
> 有关的活动属于经营活动。
>
> 　　实际上，企业筹资活动、投资活动和经营活动的业务
> 还有很多，可以查看报表的具体内容。

二、现金流量表的基本结构

　　表 3-1 是恒瑞医药 2023 年度合并现金流量表。请看它的基
本结构以及各类现金流量的具体项目，并分析现金流量表所要
展示的信息。对于各个项目所包含的具体内容，有兴趣的读者
可以参考我出版的教材进行深入了解。

表 3-1　恒瑞医药 2023 年度合并现金流量表　　单位：元

项目	2023 年度	2022 年度
一、经营活动产生的现金流量：		
销售商品、提供劳务收到的现金	24 093 922 387.94	18 567 439 285.94

续表

项目	2023 年度	2022 年度
收到的税费返还	65 619 728.74	260 229 594.35
收到其他与经营活动有关的现金	1 295 530 285.40	727 342 112.40
经营活动现金流入小计	25 455 072 402.08	19 555 010 992.69
购买商品、接受劳务支付的现金	1 176 619 729.53	1 073 321 878.61
支付给职工以及为职工支付的现金	5 752 122 784.16	6 234 169 734.58
支付的各项税费	1 633 425 725.10	1 891 336 552.16
支付其他与经营活动有关的现金	9 249 239 088.77	9 090 918 195.41
经营活动现金流出小计	17 811 407 327.56	18 289 746 360.76
经营活动产生的现金流量净额	7 643 665 074.52	1 265 264 631.93
二、投资活动产生的现金流量：		
收回投资收到的现金	2 607 501 921.22	9 602 363 872.85
取得投资收益收到的现金	95 506 604.04	166 492 049.03
处置固定资产、无形资产和其他长期资产收回的现金净额	20 183 897.06	20 212 976.52
处置子公司及其他营业单位收到的现金净额		36 045 413.27
投资活动现金流入小计	2 723 192 422.32	9 825 114 311.67
购建固定资产、无形资产和其他长期资产支付的现金	1 483 791 745.29	1 992 177 711.16
投资支付的现金	17 085 570.00	7 442 647 233.57
投资活动现金流出小计	1 500 877 315.29	9 434 824 944.73

续表

项目	2023 年度	2022 年度
投资活动产生的现金流量净额	1 222 315 107.03	390 289 366.94
三、筹资活动产生的现金流量：		
吸收投资收到的现金		378 863 693.27
其中：子公司吸收少数股东投资收到的现金		378 863 693.27
取得借款收到的现金	21 100 000.00	1 260 000 000.00
收到其他与筹资活动有关的现金		159 991 787.52
筹资活动现金流入小计	21 100 000.00	1 798 855 480.79
偿还债务支付的现金	1 281 100 000.00	
分配股利、利润或偿付利息支付的现金	1 022 827 146.08	1 015 542 764.53
其中：子公司支付给少数股东的股利、利润		
支付其他与筹资活动有关的现金	861 599 151.46	1 102 082 925.71
筹资活动现金流出小计	3 165 526 297.54	2 117 625 690.24
筹资活动产生的现金流量净额	−3 144 426 297.54	−318 770 209.45
四、汇率变动对现金及现金等价物的影响	12 533 137.63	80 497 370.18
五、现金及现金等价物净增加额	5 734 087 021.64	1 417 281 159.60
加：期初现金及现金等价物余额	14 537 437 248.08	13 120 156 088.48
六、期末现金及现金等价物余额	20 271 524 269.72	14 537 437 248.08

　　按照现行的企业会计准则，在现金流量表中，现金流量分为三种：经营活动产生的现金流量、投资活动产生的现金流量和筹资活动产生的现金流量。在每一类现金流量中，又按照现金流入量和现金流出量分别列示。

　　这一节的学习到这里就结束了。在这一节，我们一起了解了现金流量表的基本内容和结构，明确了企业现金流量的三种分类。在下一节，我将用一个真实案例教你阅读现金流量表。

4. 现金流量表｜把握命脉，公司究竟能活多久？（实战篇）

先问你一个问题：一家企业的生存，是靠利润还是靠现金流量？

你可能会觉得，大多数公司都是以盈利为目的，利润当然重要。但是，你可能又想起一句名言：现金为王！你可能还听闻海尔集团董事局主席张瑞敏说过这么一句话：**一家企业没有利润不一定会破产清算，但如果没有现金流量就一定会破产清算！**

"现金为王"和张瑞敏的说法是广为流传的，这两种观点实质上都在强调现金流量的极端重要性。

现在我回答前面的问题，**一家企业的生存，如果只是靠利润，或者只是靠现金流量，都是不能持久的。**

比较恰当的回答是：持续发展的企业，既要靠利润，也要靠现金流量；短时间内对于一家企业而言，现金流量比利润更重要！因此，看完了利润表，我们要赶紧看一下现金流量表。

在本节，我们将重点交流以下两个问题：一是通过一个我提前预测到公司很快会垮台的案例，说明现金流量表的价值；二是运用我独创的四步分析法，告诉你如何解读现金流量表，以及什么样的现金流量结构能让企业发展得更持久。

一、乐视网解密

现在，我先与大家分享一个我提前预测到很快会垮台的公司案例。

这家企业当年被称为"创业板第一股"，其创始人通过给投资人讲述"打造生态"的故事，把公司的市值推到了上千亿元的高位。当时很多人都称赞他创造了奇迹。

在该企业处于上升期的时候，我于 2017 年上半年仔细分析了其 2016 年的报表，发现这家企业存在严重问题。如果企业不做出改变，肯定过不了多长时间就会垮台，而这些问题对于不懂财报的人来说不易察觉。

你可能已经猜到了，这家企业就是乐视网。

其实，只要对这家企业的财务报表稍加关注，就会从报表中看到企业光鲜亮丽的背后所隐藏的巨大风险。

你会问：张老师，您是怎么看出来的？我要告诉你：非常简单，这家企业的现金流量表早就向我们发出了预警。我先把乐视网 2016—2018 年的合并现金流量表展示在这里（见表 4 - 1）。

表 4 - 1　乐视网 2016—2018 年合并现金流量表　　单位：元

项目	2018 年度	2017 年度	2016 年度
一、经营活动产生的现金流量：			
销售商品、提供劳务收到的现金	1 582 921 347	5 453 436 884	14 634 188 704
收到的税费返还	118 997 517	20 404 576	30 288 788

续表

项目	2018 年度	2017 年度	2016 年度
收到其他与经营活动有关的现金	519 966 407	1 162 302 903	682 734 842
经营活动现金流入（金融类）	23 339 023	50 046 617	429 806 434
经营活动现金流入小计	2 245 224 295	6 686 190 979	15 777 018 768
购买商品、接受劳务支付的现金	2 009 784 011	6 883 536 069	12 721 979 031
支付给职工以及为职工支付的现金	455 304 153	1 076 404 820	1 098 193 419
支付的各项税费	43 200 201	176 840 387	404 567 219
支付其他与经营活动有关的现金	769 085 741	1 166 220 141	1 889 108 245
经营活动现金流出（金融类）	−21 950 891	−39 540 054	731 231 623
经营活动现金流出差额（特殊报表项目）	64 590 000	63 275 000	
经营活动现金流出小计	3 320 013 214	9 326 736 362	16 845 079 537
经营活动产生的现金流量净额	−1 074 788 919	−2 640 545 383	−1 068 060 769
二、投资活动产生的现金流量：			
收回投资收到的现金		27 609 163	
取得投资收益收到的现金	102 272 240	39 334 461	1 085 271
处置固定资产、无形资产和其他长期资产收回的现金净额	1 401 284	789 056	37 511

续表

项目	2018 年度	2017 年度	2016 年度
收到其他与投资活动有关的现金	632 229 760	693 875 613	122 100 000
投资活动现金流入小计	735 903 284	761 608 293	123 222 782
购建固定资产、无形资产和其他长期资产支付的现金	221 116 402	2 611 446 833	5 469 946 152
投资支付的现金			3 658 780 609
支付其他与投资活动有关的现金	569 436 883	100 000 000	669 875 613
投资活动现金流出小计	790 553 286	2 711 446 833	9 798 602 374
投资活动产生的现金流量净额	−54 650 002	−1 949 838 540	−9 675 379 592
三、筹资活动产生的现金流量：			
吸收投资收到的现金	730 000 000	3 157 649 859	11 144 513 210
其中：子公司吸收少数股东投资收到的现金	730 000 000	3 111 000 000	
取得借款收到的现金	812 775 000	3 746 200 489	6 289 562 681
收到其他与筹资活动有关的现金	2 136 445 000	2 689 158 217	272 457 387
筹资活动现金流入小计	3 679 220 000	9 593 008 565	17 706 533 278
偿还债务支付的现金	1 965 746 160	4 435 341 637	4 947 098 220
分配股利、利润或偿付利息支付的现金	404 158 706	681 273 776	436 124 661

续表

项目	2018 年度	2017 年度	2016 年度
其中：子公司支付给少数股东的股利、利润			
支付其他与筹资活动有关的现金	445 535 944	622 789 903	2 845 810 623
筹资活动现金流出小计	2 815 440 810	5 739 405 317	8 229 033 504
筹资活动产生的现金流量净额	863 779 190	3 853 603 248	9 477 499 774
四、汇率变动对现金及现金等价物的影响	18 761	−6 987 364	20 370 447
五、现金及现金等价物净增加额	−265 640 970	−743 768 039	−1 245 570 140
加：期初现金及现金等价物余额	725 439 936	1 469 207 975	2 714 778 115
六、期末现金及现金等价物余额	459 798 966	725 439 936	1 469 207 975

前面提到，我是在 2017 年上半年开始注意到这家企业 2016 年现金流量表中所隐藏的巨大风险的。由于这家企业 2016—2018 年期间每年的现金流量表结构非常相似，因此我用三年的数据来给大家做说明。

现在，我们看到了乐视网的现金流量表。**首先，请大家考察企业经营活动产生的现金流量的情况。**

从报表数据来看，在 2016—2018 年三年间，无论利润表中的核心利润如何变化，经营活动产生的现金流量净额都是负数：2016 年约为 −11 亿元，2017 年约为 −26 亿元，2018 年约为－11 亿元！

这就意味着，企业的整个经营活动长期处于货币资金入不敷出的状态！这说明，企业经营活动的造血功能长期不足！就像一个已经参加工作多年的人，每年挣的钱还不够满足自己的日常开支！

想想看，这种货币资金长期入不敷出的缺口应该如何来弥补呢？如果是个人，你要么去消耗存款，要么向父母索要，要么去四处借钱。企业怎么办呢？我们先按下不表。

然后，请大家考察企业投资活动现金流出量的情况。在企业投资活动的现金流出中，连续三年购建固定资产、无形资产和其他长期资产支付的现金都有一定的规模：2016 年约为 55 亿元，2017 年约为 26 亿元，2018 年约为 2 亿元，呈逐年下降的态势。

这么多的现金都用于购买了什么？我告诉大家，主要是购买了用于企业经营的各种无形资产，就是各种著作权之类的无形资产。

这种现金流出量规模越来越小，或者说明在这三年里，企业通过购买各类权利来支持业务发展的底气越来越不足；或者说明企业的业务在萎缩，未来不需要再通过大规模购买各类权利来支持业务发展了（乐视网相关年度报告显示：2016 年营业收入约为 220 亿元、2017 年约为 70 亿元、2018 年约为 16 亿元、2019 年约为 5 亿元，企业的营业收入持续下降。）

讲到这里，请大家再关注一件事情：企业经营活动产生的现金流量净额与投资活动产生的现金流量净额之和是多少（见

表4-2）？

表4-2　经营活动产生的现金流量净额
与投资活动产生的现金流量净额之和　　　　单位：元

项目	2018 年度	2017 年度	2016 年度
经营活动产生的现金流量净额（1）	−1 074 788 919	−2 640 545 383	−1 068 060 769
投资活动产生的现金流量净额（2）	−54 650 002	−1 949 838 540	−9 675 379 592
经营活动产生的现金流量净额＋投资活动产生的现金流量净额(3)＝(1)＋(2)	−1 129 438 921	−4 590 383 923	−10 743 440 361

很清楚了：在这三年里，企业的经营活动没有带来钱，投资活动还大量花钱。两项加在一起，2016 年的资金缺口约 107 亿元，2017 年的资金缺口约 46 亿元，2018 年的资金缺口有所减小，但仍然有约 11 亿元。

这就相当于一个个体，每年挣的工资还不够支付日常开支，却还要买房买车，资金缺口不就越来越大吗？

如果你身边的朋友出现这种情况，你会怎样看他？

如果你是这家企业的领导，你会着急吗？你要到哪里去找钱来维持企业的发展呢？你代表这样的企业与他人交流时，你会有底气吗？看到这里，大家是不是感觉到了乐视网背后可能存在的风险？

什么风险？资金链断裂的风险！

当然，从乐视网 2016—2018 年这三年的情况来看，它的资金链没有断裂。那么，它是靠什么维持资金链的呢？

接下来，请大家看看企业筹资活动产生的现金流量的规模、结构和支持方向。

我们在前面的分析中形成了一个基本认知：乐视网的经营活动有很大的资金缺口，投资活动也有很大的资金需求。这两者都需要通过筹资活动来提供支持。

企业的筹资活动现金流量的表现怎样？还真不容易！这三年，企业每年都是依靠筹资活动在苦苦支撑。

2016 年，企业主要依靠发行股票筹资约 111 亿元，然后是借款，最终整个筹资活动贡献了约 95 亿元的资金。

2017 年，企业主要依靠子公司的非控制性股东入资约 31 亿元，然后是借款，最终整个筹资活动贡献了约 39 亿元的资金。

2018 年，企业主要靠子公司的非控制性股东入资约 7 亿元，然后是借款，最终整个筹资活动贡献了约 9 亿元的资金。

可以说，企业的筹资活动现金流量类似于人的输血；经营活动现金流量类似于人的造血。经营活动现金流量为负数，就是企业自身造血能力不足的表现。你认为纯粹靠输血、自身造血能力严重不足的企业能长久发展吗？

看到这里，你是不是也有一种跃跃欲试的感觉，想去探究一下你所关注的企业，它的生存是靠造血还是输血？

二、现金流量表的四步分析法

对于企业的现金流量表，你只要按照我总结的四步分析法去操作即可。对于大多数人来说，其实完全没有必要对照现金流量表中的每一个项目逐个查看。通过运用现金流量表的四步分析法，你就能把握企业现金流量的状况，进而对企业的持续发展做出判断。

第一步，考察企业经营活动产生的现金流量的充分性。

经营活动产生的现金流量净额怎样才算是充分的呢？当然，一个有效的衡量方法是将其与企业的核心利润进行比较。

我在前面讲过，与营业收入有关的利润既不是营业利润，也不是利润总额，更不是净利润，而是核心利润。因此，一定是将经营活动产生的现金流量净额与核心利润进行比较。

需要强调的是，政府补贴应计入经营活动现金流入量。也就是说，虽然主要来自政府补贴的其他收益不是企业从市场上获得的利润，但现金流量却计入经营活动现金流入。因此，企业的核心利润加上其他收益共同带来了经营活动产生的现金流量净额。

具体怎么比较呢？我们可以使用一个比率，即核心利润获现率，其计算公式如下：

$$核心利润获现率 = \frac{经营活动产生的现金流量净额}{核心利润 + 其他收益}$$

用这个比率，既可以衡量企业核心利润的含金量，也可以在很大程度上衡量企业经营活动产生的现金流量的充分性。

那么，这个比率多大比较恰当呢？对于一般性的、固定资产和无形资产占资产比重不大的企业而言，我的经验是，该比率在 1.2～1.5 是比较理想的。也就是说，理想的经营活动产生的现金流量要达到核心利润的 1.2～1.5 倍。

企业既要追求利润的增长，更要追求现金流量的充分。从企业现金流转的情况来看，经营活动产生的现金流量展示的是企业的造血能力，而企业从股东那里获得现金相当于外部的输血。

第二步，考察企业投资活动现金流出量的扩张含义。

投资活动现金流出量的结构可以反映企业在年度内想不想扩张以及怎样扩张的情况。

如果一家企业认为自身的发展潜力比较大，有意进行扩张，那么它很可能会购买设备、必要的专利和专有技术等，甚至还可能购买土地，以推动业务的进一步发展。我们现在就来看看这些活动在现金流量表上是怎样体现的。

以乐视网为例，这家公司 2016—2018 年投资活动现金流出量的两个主要项目如表 4-3 所示。

表 4-3　乐视网 2016—2018 年投资活动现金流出量的两个主要项目

单位：元

项目	2018 年度	2017 年度	2016 年度
购建固定资产、无形资产和其他长期资产支付的现金	221 116 402	2 611 446 833	5 469 946 152
投资支付的现金			3 658 780 609

一个项目是"购建固定资产、无形资产和其他长期资产支付的现金"，主要涉及购买设备、建造房屋、购置土地支出；另一个项目是"投资支付的现金"，该项目涵盖的范围很广，既有对子公司的长期投资，也有购买其他公司的股票、债券等多种形式的投资。

62 / 财报掘金（第2版）

对于大多数企业而言，不同的投资活动现金流出量通常反映了不同的扩张意图。

从乐视网的现金流量表来看，在这三年里，"购建固定资产、无形资产和其他长期资产支付的现金"是投资活动现金流出量的主要部分，其他形式的投资并不多。这意味着，乐视网的投资活动主要聚焦于支持企业经营活动的固定资产和无形资产的购建。可惜的是，这种支持经营活动的资产增加并没有带来经营活动的真正发展。

> **总结**
>
> 投资活动现金流出量与企业扩张之间的关系：
>
> ·如果购建固定资产、无形资产支付的现金规模较大，则一般说明企业想通过扩大固定资产和无形资产的规模来增强自身的生产经营能力，寻求进一步发展。比如，企业扩建了办公室，增加了很多工位和电脑，这通常意味着企业想要扩大发展。
>
> ·如果购建固定资产、无形资产支付的现金规模很小，说明企业是在维持现有基础设施的条件下，按照惯性发展。
>
> ·如果企业投资支付的现金比较多，则说明企业可能在对外投资扩张上有所作为，或者在进行频繁理财。比如，公司现金流充足且有闲置资金，可能会购买股票或者投资其他公司，这时就会支付大量现金，这体现了企业对外投资的扩张意图。

第三步，考察企业筹资活动产生的现金流量的规模、结构

和支持方向。

这一步的主要目的就是要看看，谁在给企业钱？企业的钱用在了哪些方面？前面已经讲过，筹资活动产生的现金流量展示的是企业输血的情况。

我们来看一下，乐视网所需的资金来自哪里。乐视网2016—2018年筹资活动现金流入量如表4-4所示。

表4-4　乐视网2016—2018年筹资活动现金流入量　单位：元

项目	2018 年度	2017 年度	2016 年度
筹资活动产生的现金流量：			
吸收投资收到的现金	730 000 000	3 157 649 859	11 144 513 210
其中：子公司吸收少数股东投资收到的现金	730 000 000	3 111 000 000	
取得借款收到的现金	812 775 000	3 746 200 489	62 89 562 681
收到其他与筹资活动有关的现金	2 136 445 000ª	2 689 158 217ᵇ	272 457 387
筹资活动现金流入小计	3 679 220 000	9 593 008 565	17 706 533 278

注：a. 2018 年"收到其他与筹资活动有关的现金"为"取得非金融机构借款"，其实质上属于"取得借款收到的现金"；

b. 2017 年"收到其他与筹资活动有关的现金"中包含了一项"处置子公司部分股权"获得的 2 301 760 000 元款项，其实质上属于"收回投资收到的现金"。

从乐视网的报表来看，企业资金的主要来源有：

第一，上市公司的股东，如 2016 年，乐视网通过发行股票获得约 111 亿元的股东入资，不知道这些当年购买乐视网股票的投资者是赚了还是亏了。

第二，子公司的非控制性股东，也称少数股东，如 2017 年和 2018 年，子公司的少数股东分别向子公司入资 31.11 亿元和 7.3 亿元。你看乐视网多能让非控制性股东（就是少数股东）心甘情愿地掏钱呀！

第三，各类金融机构。2016—2018 年，金融机构向乐视网提供的资金累计达到了约 130 亿元。

企业从股东和金融机构获得的资金，一部分用在了弥补经营活动资金缺口上，一部分则用在了购建固定资产、无形资产的资金需求上。

正是股东和金融机构不遗余力地支持乐视网，才使得这家企业烧钱的底气十足。

总结

我们分析筹资活动产生的现金流量时，主要关注以下四个方面：

第一，股东给企业钱了吗？

第二，各种金融机构给企业钱了吗？

第三，企业通过发行债券筹资了吗（乐视网在 2016—2018 年间未发行债券）？

第四，企业筹到的钱花在了什么地方？

企业筹资获得的钱主要用于以下五个方面：

第一，弥补经营活动资金缺口。

第二，购买固定资产（如机器、设备等）或者无形资产（如商标、专利等），以扩张企业。

第三，收购公司或者进行其他投资，如乐视网在 2016 年的投资活动。

第四，偿还债务。有时，企业需要借新债还旧债。

第五，无实际需求，但仍盲目借钱。这种情况最不应该出现。这种方式筹集到的钱虽会在短期内增加货币资金的规模但可能造成资金的闲置和浪费，增加企业的财务成本。

第四步，体会什么样的现金流量结构能让企业发展得更持久。

想想看，假如你投资了两家公司。

你投资的第一家公司是 A 公司。这家公司经过一段时间的运营和管理，迅速扩大了市场规模，其产品具有较强的市场竞争力。

由于竞争优势明显，A 公司采用了预收货款的销售方式。此外，A 公司对供应商也有良好的商业信用，A 公司可以在将货物卖出后再向供应商支付货款。

这就是一家上下游"两头吃"能力极强的企业。这家企业的核心利润获现率很高，达到了两倍以上。

你投资的另外一家公司是 B 公司。虽然这家公司经过一段时间的运营和管理，形成了一定的市场规模，但其产品的市场竞争力较弱。

由于缺乏竞争优势，B 公司只能采取赊销的销售方式。不仅如此，B 公司在供应商那里也没有良好的商业信用，供应商要求在供货前 B 公司必须全额支付货款。

真是"冰火两重天"呀！

B 公司够惨的吧：销售款回不来，购货款要提前支付。想想看，这样的公司经营活动发生的现金亏空由谁来弥补？当然是股东了。就算公司去借钱，恐怕也要由股东来提供担保。

这种产生经营活动现金流量能力较差的公司能走多远呢？这要看股东的钱能支撑它多长时间。

B 公司由于市场竞争力较弱而连年亏损，其经营活动产生的现金流量净额持续为负。作为股东，你需要不断为 B 公司筹集资金以支持它的日常经营。

不要以为我所说的这类公司是虚构的，实际上，它可能就在你的身边。

我们每个人也是如此：如果你在一家企业工作，你的日常工资、奖金等收入就相当于你的经营活动现金流入量，你的日常开支——餐饮、交通、房租、服饰、学习等费用支出——就相当于你的经营活动现金流出量。

如果收入无法覆盖生活开支，则一定会出现亏空。这时，你会怎么办呢？第一，向父母要，这类似于股东持续向企业入资；第二，找别人借，这类似于企业借款；第三，用信用卡消费（采取推迟付款的方式）等。

这种伸手要钱的感觉是不是不太好？所以，大家要像管理一家公司一样，好好经营自己的生活，关注收支状况，让日子过得越来越红火！

讲到这里，我们可以得出一个结论：**经营活动产生的现金流量足够充分的企业可能发展得更持久。**也就是说，造血能力强的企业才能够发展得更持久！

请大家一定要牢记我在本节介绍的现金流量表的四步分析法。

> **总结**
>
> • 经营活动产生的现金流量重点看净额，重点考察企业经营活动的造血能力。
>
> • 投资活动产生的现金流量重点看流出量，重点考察企业的扩张意图。
>
> • 筹资活动产生的现金流量重点看流入量，重点考察企业的输血情况。

现金流量表的分析核心是经营活动产生的现金流量的充分性，产生经营活动现金流量能力突出的企业能走得更远。

投资活动现金流出量应重点关注购建固定资产、无形资产和其他长期资产的支出，这些支出不仅能体现企业的扩张意图，还直接增强了其未来的经营能力。

筹资活动产生的现金流量重点关注流入量，流入量的结构在一定程度上反映了企业获取资源的途径。

在结束本节之前，我想用我前面总结的分析方法对恒瑞医药 2023 年年报中的现金流量表进行分析。

案例分析 恒瑞医药现金流量表分析

为方便起见，我把上一节恒瑞医药2023年度合并现金流量表再展示一下，并增加个别利润表项目。

表4-5 恒瑞医药2023年度合并现金流量表 单位：元

项目	2023年度	2022年度
一、经营活动产生的现金流量：		
销售商品、提供劳务收到的现金	24 093 922 387.94	18 567 439 285.94
收到的税费返还	65 619 728.74	260 229 594.35
收到其他与经营活动有关的现金	1 295 530 285.40	727 342 112.40
经营活动现金流入小计	25 455 072 402.08	19 555 010 992.69
购买商品、接受劳务支付的现金	1 176 619 729.53	1 073 321 878.61
支付给职工以及为职工支付的现金	5 752 122 784.16	6 234 169 734.58
支付的各项税费	1 633 425 725.10	1 891 336 552.16
支付其他与经营活动有关的现金	9 249 239 088.77	9 090 918 195.41
经营活动现金流出小计	17 811 407 327.56	18 289 746 360.76
经营活动产生的现金流量净额	7 643 665 074.52	1 265 264 631.93
利润表中的核心利润（自行计算）	4 121 338 565.65	3 050 827 454.82
利润表中的其他收益	498 485 970.59	287 401 388.30
利润表中的核心利润加上其他收益	4 619 824 536.24	3 338 228 843.12
核心利润获现率（经营活动产生的现金流量净额/核心利润＋其他收益）	1.65（倍）	0.38（倍）

续表

项目	2023 年度	2022 年度
二、投资活动产生的现金流量：		
收回投资收到的现金	2 607 501 921.22	9 602 363 872.85
取得投资收益收到的现金	95 506 604.04	166 492 049.03
处置固定资产、无形资产和其他长期资产收回的现金净额	20 183 897.06	20 212 976.52
处置子公司及其他营业单位收到的现金净额		36 045 413.27
投资活动现金流入小计	2 723 192 422.32	9 825 114 311.67
购建固定资产、无形资产和其他长期资产支付的现金	1 483 791 745.29	1 992 177 711.16
投资支付的现金	17 085 570.00	7 442 647 233.57
投资活动现金流出小计	1 500 877 315.29	9 434 824 944.73
投资活动产生的现金流量净额	1 222 315 107.03	390 289 366.94
三、筹资活动产生的现金流量：		
吸收投资收到的现金		378 863 693.27
其中：子公司吸收少数股东投资收到的现金		378 863 693.27
取得借款收到的现金	21 100 000.00	1 260 000 000.00
收到其他与筹资活动有关的现金		159 991 787.52
筹资活动现金流入小计	21 100 000.00	1 798 855 480.79
偿还债务支付的现金	1 281 100 000.00	
分配股利、利润或偿付利息支付的现金	1 022 827 146.08	1 015 542 764.53
其中：子公司支付给少数股东的股利、利润		

续表

项目	2023 年度	2022 年度
支付其他与筹资活动有关的现金	861 599 151.46	1 102 082 925.71
筹资活动现金流出小计	3 165 526 297.54	2 117 625 690.24
筹资活动产生的现金流量净额	−3 144 426 297.54	−318 770 209.45
四、汇率变动对现金及现金等价物的影响	12 533 137.63	80 497 370.18
五、现金及现金等价物净增加额	5 734 087 021.64	1 417 281 159.60
加：期初现金及现金等价物余额	14 537 437 248.08	13 120 156 088.48
六、期末现金及现金等价物余额	20 271 524 269.72	14 537 437 248.08

第一步，考察企业经营活动产生的现金流量的充分性。

这个问题我在前面分析利润表时提到过，企业经营活动产生的现金流量净额在年度间是波动的：2022 年不够充分（核心利润加上其他收益大于经营活动产生的现金流量净额），2023 年则较为充分（情况反过来了：核心利润加上其他收益的规模远远小于经营活动产生的现金流量净额）。

计算结果也显示出企业 2023 年核心利润带来经营活动产生的现金流量的能力较强。整体来看，连续两年的核心利润加上其他收益之和也小于经营活动产生的现金流量净额，表明企业核心利润获现能力较强（有兴趣的读者可以自行计算两年的核心利润获现率，在 1.1 倍左右）。

第二步，考察企业投资活动现金流出量的扩张含义。

企业投资活动现金流出量主要反映在两个项目上：一是购

建固定资产、无形资产和其他长期资产支付的现金；二是投资
支付的现金。

在合并报表中，购建固定资产、无形资产和其他长期资产
支付的现金展示的是包括母公司和子公司在内的企业着眼于未
来业务发展而进行的具有战略意义的支出；投资支付的现金如
果用于对外长期参股性投资则可能具有战略意义，如果用于炒
股等短期投资则通常不具有战略意义。

从数据规模的对应关系来看，购建固定资产、无形资产和
其他长期资产支付的现金规模连续两年远远大于投资支付的现
金规模。这意味着企业的投资活动主要聚焦于业务能力的提升，
希望通过不断加大企业经营活动的基础设施建设的力度以进一
步提高企业未来的业务能力。

讲到这里，我想请大家关注一下企业经营活动产生的现金
流量净额与投资活动产生的现金流量净额之和（见表 4 - 6）。

表 4 - 6　恒瑞医药经营活动产生的现金流量净额
与投资活动产生的现金流量净额

单位：元

项目	2023 年度	2022 年度
经营活动产生的现金流量净额	7 643 665 074.52	1 265 264 631.93
投资活动产生的现金流量净额	1 222 315 107.03	390 289 366.94

连续两年，企业经营活动产生的现金流量净额与投资活动
产生的现金流量净额之和都大于零！

这说明了什么？说明企业的日常经营和发展不需要筹资
支持。

有一个问题需要注意：企业经营活动产生的现金流量净额在年度间是波动的，其与核心利润同其他收益之和相比，2022年不够充分，2023年则较为充分。那么，为什么企业却连续两年都呈现出并不缺钱的状态？

这是因为，与核心利润应该达到的理想水平相比，企业经营活动产生的现金流量净额可能在年度间有所波动。但是，企业刚需花钱的地方并不多，主要集中在购建固定资产和无形资产上。

因此，即使企业核心利润带来的现金流量不是十分充分，但如果企业没有太多的投资需求，现金还是会逐渐累积起来的。

第三步，考察企业筹资活动产生的现金流量的规模、结构和支持方向。

我们在前面的分析中形成了一个基本的判断：恒瑞医药的经营活动产生的现金流量在整体上完全可以满足企业经营活动扩张的资金需求，而无须筹资。

接下来，我们将考察这样一家不缺钱的企业是否进行了筹资。

下面我们重点关注恒瑞医药2022—2023年的筹资情况（见表4-7）。

表4-7　恒瑞医药筹资活动产生的现金流量　　单位：元

项目	2023年度	2022年度
筹资活动产生的现金流量：		
吸收投资收到的现金		378 863 693.27

续表

项目	2023 年度	2022 年度
其中：子公司吸收少数股东投资收到的现金		378 863 693.27
取得借款收到的现金	21 100 000.00	1 260 000 000.00
收到其他与筹资活动有关的现金		159 991 787.52
筹资活动现金流入小计	21 100 000.00	1 798 855 480.79
偿还债务支付的现金	1 281 100 000.00	
分配股利、利润或偿付利息支付的现金	1 022 827 146.08	1 015 542 764.53
其中：子公司支付给少数股东的股利、利润		
支付其他与筹资活动有关的现金	861 599 151.46	1 102 082 925.71
筹资活动现金流出小计	3 165 526 297.54	2 117 625 690.24
筹资活动产生的现金流量净额	− 3 144 426 297.54	− 318 770 209.45

这样一家不缺钱企业，其筹资活动仍然保持了一定的活跃度。

首先，在向股东筹资方面，企业并未发行新股。但在 2022 年设立子公司的过程中，企业吸纳了 3.79 亿元非控制性股东的入资，这一举措增强了企业整体的抗风险能力和融资能力。至于这部分资金的具体使用方向，从企业经营与投资的资金需求来看，并未用于支持企业的整体经营或者投资活动。原因很简单，企业不缺钱。

当然，对于新组建的特定企业而言，股东入资无疑为这些企业的经营或者投资提供了资金保证。

其次，在债务筹资方面，出现了一个有趣的现象：企业2022 年借款 12.60 亿元，但当年并无还款记录；2023 年，企业又借了 0.21 亿元，但还款规模是 12.81 亿元！也就是说，企业在 2023 年把 2022 年借的、2023 年借的款项都偿还了！很显然，这种筹资行为既不是经营需求导致的，也不是投资需求导致的，并且企业借款的周期并不长。这种情况的出现，应该与企业所处的特定金融环境有很大关系。

无论如何，我们还是要对这家企业给予高度评价：在不缺钱的情况下，它坚决抵制住了各种要求企业借钱的环境干扰（只借很少的款项并迅速偿还已经很不容易了）。

第四步，体会什么样的现金流量结构能让企业发展得更持久。

恒瑞医药的现金流量表显示，企业的造血能力比较强。从满足企业常规投资活动的需求来看，其经营活动产生的现金流量足够充分。因此，这样的企业持续发展的前景应该是相当乐观的。

最后，再与大家交流一下中小企业面临的财务困境和应对问题。

近几年，由于新冠疫情及其他多种因素，部分中小企业迅速陷入了财务困境。

第一，市场萎缩，经营活动现金流入量大幅减少。

对于受市场萎缩影响的企业而言，其至关重要的经营活动现金流入量首先出现下降，且这种下降趋势在一段时间内仍将持续。

与此同时，企业以前所形成的债权（如应收账款等）的可回收性也在变差。一些债务企业由于担心自身未来的市场会持续萎缩，因此选择推迟对商业负债的清偿，从而导致债权企业的经营活动现金流入量进一步减少。

第二，刚性支出增加。

即使企业出现萎缩的经营活动可以在一段时间内依靠消耗库存和推迟支付员工工资来维持，但企业的某些活动（如销售活动等）也不得不推迟进行。同时，企业的一些刚性支出不但不能缩小，反而可能增加，如经营场所租金需要按时支付、必要的日常开支也需要及时结算等。

因此，本来已经在经营活动现金流入量方面陷入困境的企业，还可能面临刚性支出进一步增加的问题。这对企业的现金流量管理无疑是雪上加霜。

第三，筹资渠道受阻，筹资规模受限。

由于企业陷入困境的持续时间难以判断，其债务筹资渠道和规模在一定程度上会受到限制。尽管有些金融机构推出了惠及债务筹资方的信贷政策，但对于很多企业而言，仍难以从金融机构获得足够的增量贷款以应对市场萎缩带来的财务压力，这是很多企业必须面对的现实。

困境和危机来了，怎么应对呢？我的建议如下：

第一，现金流量管理应聚焦生存，暂缓发展。

在常规情况下，企业的现金流量管理会兼顾企业的经营与发展。

在企业经营困难时期，企业现金流量管理的着眼点就要从兼顾经营与扩张或发展调整为着力解决企业的生存问题。

具体而言，在现金流量支出的安排上，企业应首先确保经营活动现金流量的支出。在现金流量相对紧张的情况下，企业应尽量推迟安排扩张性支出。这样的安排，虽然可能会推迟实施具有战略意义的企业扩张或发展项目，却能够在一定程度上缓解企业的资金压力，解决企业的生存问题。

在面临生存与发展抉择问题的时候，企业只有先生存下来，才能谋求后续的发展。

第二，成本管理要聚焦酌量性成本。

学过管理会计的读者知道，按照与企业当前管理层管理决策的关联性，成本可以划分为酌量性成本和约束性成本。在经营困境中，这一划分显得尤为重要。酌量性成本是指那些直接取决于企业当前管理层的决策的成本，如与办公条件选择相关的租金、人力资源的配置、与业务开展相关的加班津贴和补贴，以及与宣传媒介、宣传强度等有关的成本或支出。

而约束性成本则是指那些与以前管理层决策有关，或与当前管理层的决策不能控制的因素有关，但需在现在或未来支付，与当前管理层的决策无关的成本或支出，如企业开展业务过程中必须支付的水电费、业务费，以及由企业以前决策决定的本期及未来需要支付的各种采购支出等。

显然，经营困境中的成本管理应该聚焦于酌量性成本或者支出。

第三，筹资结构从债务融资转向债务融资与股权融资的合理安排。

在经营困境中，如果企业缺乏可供消耗的存量货币资金，就要考虑筹资了。在筹资时，企业当然要继续争取金融机构的贷款支持。然而，当债务筹资受到限制而企业又必须筹资的时候，企业的筹资视野就要拓宽至"自家人"了。

这里的"自家人"是指企业的股东和员工。在关键时刻，企业既可以向员工借款以渡过难关，也可以向股东借款。当然，股东之间也可以相互协商，按照协议或约定向企业注入增量资本；或者股东在提供贷款的同时，也可向企业注入增量资本。

困境中现金流量管理的要诀是：融资规模优于融资成本。唯有先求生存，才能谋发展。挺过难关，现金流问题自会迎刃而解。

总结

一是学习本节内容的独特收获：考察一家企业的现金流量表时，要了解的不只是各类现金流量的规模，还要考察三类现金流量结构背后的企业经营与发展的持续前景。更为重要的是，要洞察现金流量结构数据背后企业发展的趋势性变化，评估企业的持续盈利能力和投资扩张效果。经营活动产生的现金流量足够充分的企业可能发展得更持久。一定要按照我教你的四步分析法来拨开现金流量数字迷雾看真相！

二是本节内容对大家职业生涯的可能贡献：深入了解企业资金的来源与运用，将使你保持清醒的头脑。只会烧钱，且长期不能在产品或服务的市场竞争中获得稳定健康现金流量的企业是走不远的，也很难具有投资价值。

案例分析 中芯国际现金流量表分析

下面我们将通过分析中芯国际的现金流量表来进一步巩固现金流量表的分析方法。

中芯国际2023年度合并现金流量表如表4-8所示。

表4-8 中芯国际2023年度合并现金流量表　单位：千元

项目	2023年度	2022年度
一、经营活动产生的现金流量：		
销售商品、提供劳务收到的现金	51 633 957	62 656 539
收到的税费返还	5 498 728	4 622 726
收到其他与经营活动有关的现金	4 029 301	6 535 264
经营活动现金流入小计	61 161 986	73 814 529
购买商品、接受劳务支付的现金	29 668 611	29 353 970
支付给职工以及为职工支付的现金	6 336 982	6 262 296
支付的各项税费	1 119 092	1 174 562
支付其他与经营活动有关的现金	989 540	432 492
经营活动现金流出小计	38 114 225	37 223 320
经营活动产生的现金流量净额	23 047 761	36 591 209
二、投资活动产生的现金流量：		
收回投资收到的现金	64 545 579	105 192 780
取得投资收益收到的现金	2 206 182	844 388
处置固定资产、无形资产和其他长期资产收回的现金净额	37 371	481 986
处置子公司及其他营业单位收到的现金净额		
收到其他与投资活动有关的现金	1 815 768	1 301 147
投资活动现金流入小计	68 604 900	107 820 301

续表

项目	2023 年度	2022 年度
购建固定资产、无形资产和其他长期资产支付的现金	53 865 069	42 205 585
投资支付的现金	55 867 001	134 747 165
取得子公司及其他营业单位支付的现金净额		
支付其他与投资活动有关的现金	573 344	335 985
投资活动现金流出小计	110 305 414	177 288 735
投资活动产生的现金流量净额	−41 700 514	−69 468 434
三、筹资活动产生的现金流量：		
吸收投资收到的现金	5 497 763	8 110 258
其中：子公司吸收少数股东投资收到的现金	5 098 738	8 110 258
取得借款收到的现金	32 716 534	25 360 826
收到其他与筹资活动有关的现金	719 013	848 289
筹资活动现金流入小计	38 933 310	34 319 373
偿还债务支付的现金	20 612 581	8 834 742
分配股利、利润或偿付利息支付的现金	1 672 753	1 103 979
其中：子公司支付给少数股东的股利、利润		
支付其他与筹资活动有关的现金	920 045	1 111 694
筹资活动现金流出小计	23 205 379	11 050 415
筹资活动产生的现金流量净额	15 727 931	23 268 958
四、汇率变动对现金及现金等价物的影响	−1 338 484	3 247 556
五、现金及现金等价物净增加额	−4 263 306	−6 360 711
加：期初现金及现金等价物余额	48 282 697	54 643 408
六、期末现金及现金等价物余额	44 019 391	48 282 697

下面，我们用前面介绍的四步分析法，对中芯国际的合并现金流量表进行分析。

第一步，考察企业经营活动产生的现金流量的充分性。

在进行利润表分析时，我们已经形成了这样的认识：中芯国际 2023 年在营业收入、毛利率、毛利显著下降，核心利润为负数的条件下，经营活动产生的现金流量净额状况非常好。这意味着，与盈利能力相比，中芯国际经营活动产生现金流量的能力更强。

第二步，考察企业投资活动现金流出量的扩张含义。

与恒瑞医药类似，中芯国际投资活动现金流出量主要反映在两个项目上：一是购建固定资产、无形资产和其他长期资产支付的现金；二是投资支付的现金。

从数据规模的对应关系来看，中芯国际购建固定资产、无形资产和其他长期资产支付的现金连续两年呈现规模大、持续性强的特点，这意味着企业的投资活动主要聚焦于业务能力的提升，希望通过不断加大企业经营活动的基础设施建设的力度以进一步提高企业未来的业务能力。

另外，单纯考察中芯国际投资支付的现金，你会发现企业连续两年都有大规模的对外投资支出。但实际情况并非如此。关注中芯国际投资活动产生的现金流量中的"收回投资收到的现金"项目，你会发现，企业连续两年的"投资支付的现金"与"收回投资收到的现金"规模高度相近，这意味着企业在年度内有较为频繁的短期投资活动，如在资本市场进行短线投资或理财等活动，这类活动一般不具有战略意义。

结论：中芯国际的投资活动聚焦于业务能力的显著提升。当然，这种战略能否成功，取决于企业新增的产能能否在未来产生预期的财务绩效，而这需要时间来验证。

再看一下企业的融资需求：尽管企业连续不断地获得了大规模的经营净现金，但仍难以满足其经营扩张的雄心——经营活动产生的现金流量净额无法满足投资现金需求，因此，企业需要额外的融资或者动用现金存量才能维持高速增长的固定资产、无形资产等的建设资金需求。

第三步，考察企业筹资活动产生的现金流量的规模、结构和支持方向。

我们在前面的分析中有了一个基本的认识：中芯国际经营活动产生的现金流量净额虽然规模可观，但不能满足企业经营活动扩张的资金需求，即企业有筹资需求。

那么我们就得看看，企业的筹资是怎样安排的。

企业筹资活动产生的现金流量具有以下特征：

首先，连续两年未发行股票，而是吸纳了较大规模的子公司非控制性股东的入资。这样的筹资活动，在子公司的建设过程中，实现了以较少资源投入来控制更多资源的低投资扩张的财务效应。

其次，企业的债务筹资活动持续发力，每年"取得借款收到的现金"规模显著大于当年"偿还债务支付的现金"规模。这意味着企业借款多、还款少，如果增量的贷款规模超过了企业购建固定资产、无形资产等所需的资金，则将出现存款规模不断增大、贷款规模也在增长的财务"异象"。

最后，与企业净利润的规模、经营活动产生的现金流量净额的规模相比，企业"分配股利、利润或偿付利息支付的现金"连续两年规模相对较小。这可能意味着企业的工作重心集中在筹资、基建等战略活动上，无暇顾及向股东分红这种"小事"。

第四步，体会什么样的现金流量结构能让企业发展得更持久。

中芯国际的现金流量表显示，企业的造血能力非常强。在满足企业常规投资活动的需求方面，企业经营活动产生的现金流量可以提供有力支持。同时，企业的筹资能力较强，筹资规模也持续保持在较高水平。从整体上看，中芯国际在短期内现金流转面临严峻考验的可能性不大。

5. 资产负债表丨知根知底，公司总家当有多少？

在前面的几节中，我与大家交流了如何阅读利润表和现金流量表的问题。相信经过这几节的学习，你已经发现，原来财报还能这样解读。接下来，我们一起来看看第三张非常重要的报表：资产负债表。

在本节中，我将与你共同探讨以下内容：第一，企业资产负债表的基本结构是怎样的；第二，如何快速理解企业的资产负债表。

一、资产负债表的结构

大家想一想，当我们说一个人很有钱时，他是不是真的有很多现金呢？实际上并不是。一个人有钱往往指的是他的整体财富很多，也就是说，他的资产总额很大。我们经常听到某位企业家因为公司股票下跌，一夜间财富大幅缩水的消息，这其实就是指他持有的股票价值大幅缩水了。

由此可见，对于一个人而言，要判断他是否有钱，一定是既要看他的资产规模，也要看他的资产结构。当然，你还要看这些资产是通过什么方式获得的、是属于谁的。这些要素共同构成了个人的资产负债表。

企业也一样。

（一）资产负债表的基本关系

资产负债表的基本关系如下：

资产＝负债＋所有者权益（或股东权益）

这里我要强调一下什么是资产。**资产是能够用货币表现的各种资源。这些资源种类繁多，凡是你能够想到的资源都可能被视为资产。**我们每个人也都拥有或多或少的资产。

你手中的现金（包括钞票、银行存款、微信钱包里的余额等）、汽车、房产，以及家里的各种家具、摆设等，这些都是你的资产。如果你购买了股票、基金、保险等金融产品，那么这些投资也是你的资产。如果你借钱给别人，那么形成的债权也是你的资产。

企业也是这样的，只是企业的资产种类更多：

• 看得见或能感知到的资产。比如，银行存款，钞票，商店货架上待售的商品，与企业经营有关的房屋、建筑物、运输车辆、电脑等都是资产；需要查看有关文件确认的各类债权，也是资产。

• 一些虽然看不见但也在发挥重要作用的权利和技术。比如，专利权、商标权和专有技术等，它们虽然不是直接以资金的方式呈现，但也是企业的资产。

• 企业的对外投资也是资产。

我们来概括一下：资产是企业能够用货币表现的各种资源。

我们再来明确一下负债和所有者权益的含义。通俗地说，负债就是企业欠的钱，代表企业债权人对企业资产的要求权。

企业的债权人有很多，你可能立马想到的是，作为企业的一名员工，你在提供劳动后但尚未领取工资前，就是企业的债权人；如果企业购买了货物但尚未付款，供应商就是债权人；如果企业先收款再提供产品或者服务，已付款但尚未获得产品或者服务的消费者就是债权人；如果企业向银行借款，银行就是债权人。

想想看，政府会成为企业的债权人吗？提示一下，你听说过大明星因为税务问题被查处吗？其实，税收征管部门也是企业的债权人，因为企业要依法向政府缴税。

而所有者权益，就是企业所有者对企业资产的要求权。如果你和几个朋友共同创办了一家公司，并且每个人都向公司投入了资金，那么作为出资人，你们就都是公司的所有者，也被称为股东。与股东有关的权益，就在所有者权益的各个项目中。

简单地说，所有者权益既包括股东的入资，也包括企业的利润积累。

下面，我举个例子来说明资产负债表中的关系。我们前面提到，你的家里拥有很多资产，如你个人的现金、汽车、房产，以及家里的各种家具、摆设等；你投资的股票、债券也是资产；借出去钱所形成的债权也是资产。

那么，我要问问你：这些资产都是你的吗？你肯定会说：是我的呀！

但是我要告诉你，有些资产可能不是你的。

比如，你买了一套房，总价是 800 万元，这套房确实在你名下，没错！但是，你只支付了 200 万元的首付款，剩余的 600 万元是按揭贷款。也就是说，虽然你的资产总额是 800 万元，但是其中有 600 万元是欠款，真正属于你的只有 200 万元。

这时，体现在你个人资产负债表上的资产就是 800 万元，但其中有 600 万元是欠款，只有 200 万元属于你。我们可以把属于你自己的 200 万元叫做所有者权益，因为这套房的所有者是你，而 600 万元欠款就是负债。

因此，你的个人资产负债表是这样的：资产 800 万元；负债 600 万元；所有者权益 200 万元（见表 5 - 1）。资产等于负债加上所有者权益。

表 5 - 1　资产负债表　　　　　　单位：万元

资产		负债和所有者权益	
房产（固定资产）	800	应付购房款	600
		所有者权益	200
资产总计	800	负债和所有者权益总计	800

这时候，你可能会问：**资产等于负债加上所有者权益，等号的左右两边为什么总是恒等呢？**

这是因为，从会计的角度来看，资产是从使用价值的角度来定义的。比如，货币资金是随时可用的钱，存货是可供出售或者消耗的资源，固定资产是可供长期使用的生产工具或设施，投资则是预期能带来收益的活动或行为。也就是说，资产是你可以利用的各种资源。

而负债和所有者权益是从权益的归属角度来定义的，它们回答了这些资源的归属问题。也就是说，从权益的角度出发，考察这些资产的归属情况。

因此，你的资产跟与资产有关的权益总额永远是相等的！企业也同样如此，只不过其资产和权益的构成相对更为复杂。

（二）企业资产的基本内容

在资产负债表上，企业的资产被划分为**流动资产和非流动资产**两大类。

流动资产是指那些在一年内或一个经营周期内被消耗或出售的资产。流动资产包含多种形式，如货币资金、存货，以及各种债权等。如果企业参与股票或债券投资，那么其购买的用于经常性交易的股票和债券也属于流动资产，具体被归类为"交易性金融资产"。

非流动资产则是指那些企业可以长期使用或者消耗的资产，如固定资产、无形资产等。如果企业有回收周期较长的投资，则这些投资也属于非流动资产。

当然，企业的资产内容还有很多，建议大家选择一家上市公司的资产负债表进行对照学习。

（三）企业负债的基本内容

企业的负债可以按照偿还期限划分为流动负债和非流动负债两大类。

流动负债是指一年内或一个经营周期内需要偿还的债务，如一年内需要偿还的银行贷款、欠供应商的货款、应支付给员工的工资、应缴纳的税费等。

非流动负债则是指偿还期限在一年以上的债务，如长期借款、应付债券等。

同样，企业的负债内容也很丰富，不局限于上述提到的几种类型，建议大家去查阅一家上市公司的资产负债表。

（四）企业所有者权益的基本内容

为了帮助大家更好地理解，我先设定一个与企业入资和盈利有关的具体场景：

关于股东的入资情况：A 股东入资 800 万元现金；B 股东入资一项从外部新购的价值 300 万元的专利。A、B 双方商定，B 的股东入资中，只能有 200 万元作为参与分红的股东入资，而剩余的 100 万元无偿赠予公司。

关于企业的盈利情况：企业在经过一段时间的经营后，获得净利润 50 万元。按照规定，企业需要按净利润的 10% 计提盈余公积，即金额为 5 万元，以备企业未来发展之需。

股东入资对所有者权益的影响：企业的实收资本由参与分红的股东入资构成，其中 A 股东为 800 万元，B 股东为 200 万元，合计 1 000 万元；B 股东无偿赠予企业的 100 万元，则作为全体股东共享的资源，计入资本公积（公积就是公共积累）。

企业盈利对所有者权益的影响：企业实现的利润，既不属于企业的员工，也不属于企业的债权人，而是属于企业的股东。

因此，企业实现的 50 万元净利润应全部计入所有者权益。

其中，企业按照一定比例计提的用于长期发展的利润，在所有者权益中被赋予了一个特定的名称，即盈余公积。因此，企业的盈余公积为 5 万元。

剩余的利润在所有者权益中也有特定的名称，即未分配利润。因此，企业的未分配利润为 45 万元。

在本例中，企业的所有者权益项目及金额如表 5 - 2 所示。

表 5 - 2　企业的所有者权益项目及金额　　单位：万元

所有者权益项目	金额
实收资本	1 000
资本公积	100
盈余公积	5
未分配利润	45
所有者权益合计	1 150

可见，企业的所有者权益主要由两部分组成：**一部分是企业股东或者所有者入资形成的权益，包括实收资本（或股本）和资本公积；另一部分是企业利润积累形成的权益，包括盈余公积和未分配利润。**

为了更直观地阐述资产、负债和所有者权益之间的关系，接下来我将与大家分享两个有趣的故事。

先讲第一个故事。有一次我教过的一位 EMBA 学员，他是一家企业的董事长，给我打电话询问了一个看似简单的问题："张老师，我从银行借款 1 亿元，这到底是资产增加了 1 亿元还是负债增加了 1 亿元？"

现在，我也想把这个问题抛给大家：从银行借款 1 亿元，是资产增加了 1 亿元还是负债增加了 1 亿元？你或许会立刻回答，这肯定是负债增加了 1 亿元！这个回答虽然正确，但不够全面。从会计的角度来看，这笔借款既导致资产中的货币资金增加了 1 亿元，也导致负债中的银行借款增加了 1 亿元。

如果从使用价值的角度来看，这 1 亿元现金作为可随时动用的资源，无疑属于资产；但是如果从钱的来源，即提供者的角度来看，则意味着负债增加了 1 亿元，而债权人是银行。

下面再讲第二个故事。有一天，我的办公室来了一位金融学教授。他对我说："我最近在学习会计，学完后我有一些想法，想与你交流一下。"我好奇地问："是发现我们会计领域有什么问题吗？"他连忙摆手："不是，是我觉得金融学里有些概念似乎存在问题。"

我追问道："你发现了什么问题？"他缓缓地说："资产等于负债加上所有者权益，这个等式是不是永远成立？"我肯定地回答"是"。他却说："那我们金融学里面经常提到的一个概念就有问题了。"我疑惑地问："哪个概念？"他说："资不抵债的概念。"

我说："这个概念没问题呀。"他却坚持道："不对，既然资产等于负债加上所有者权益，资产就不可能小于负债。"我解释道："你这样理解有问题。资不抵债，就是资产的总额小于负债的总额。"

他又问："那等式岂不是不成立了？"我耐心地说："等式没问题，关键在于所有者权益可以是负数。"他说："难道这意味着股东欠企业的钱吗?"我说："不是，它代表了一种状态，即企业的累计亏损已经超过了股东入资，甚至已经损害债权人的利益，意味着企业已经到了一个危险的境地。"

二、快速理解资产负债表

下面我要与大家分享快速理解企业资产负债表的四步分析法。

第一步，考察资产规模的变化以及影响资产规模变化的主要因素；

第二步，考察流动资产与流动负债的关系；

第三步，考察负债与资产的关系；

第四步，考察企业资产增长的主要动力与发展前景。

我先给大家展示一下恒瑞医药 2023 年度合并资产负债表（见表 5-3）。

表 5-3　恒瑞医药 2023 年度合并资产负债表　单位：元

项目	2023-12-31	2022-12-31
流动资产：		
货币资金	20 746 104 943.19	15 110 680 633.68
交易性金融资产	99 049 588.89	2 760 493 970.50
应收票据及应收账款	5 520 325 210.17	6 394 187 930.35
应收票据	325 831 647.59	502 790 602.73
应收账款	5 194 493 562.58	5 891 397 327.62
应收款项融资	614 581 544.25	1 947 283 306.23
预付款项	1 221 081 000.79	1 054 793 777.86

续表

项目	2023 - 12 - 31	2022 - 12 - 31
其他应收款（合计）	438 253 339.88	562 175 450.79
应收股利		
应收利息		
其他应收款	438 253 339.88	562 175 450.79
存货	2 314 026 002.52	2 450 574 758.45
其他流动资产	334 049 541.52	653 864 367.08
流动资产合计	31 287 471 171.21	30 934 054 194.94
非流动资产：		
其他非流动金融资产	756 391 279.06	739 710 771.93
长期股权投资	694 990 655.18	767 861 518.38
固定资产（合计）	5 451 452 844.80	5 383 158 419.88
固定资产	5 451 452 844.80	5 383 158 419.88
固定资产清理		
在建工程（合计）	1 100 994 714.83	1 193 198 497.55
在建工程	1 100 994 714.83	1 193 198 497.55
使用权资产	77 019 290.13	99 381 390.58
无形资产	883 766 937.39	519 895 053.15
开发支出	2 492 549 260.85	1 681 033 856.38
商誉		
长期待摊费用	336 016 444.61	371 134 634.29
递延所得税资产	320 556 160.87	223 030 661.62
其他非流动资产	383 297 876.83	442 550 129.00
非流动资产合计	12 497 035 464.55	11 420 954 932.76
资产总计	43 784 506 635.76	42 355 009 127.70

续表

项目	2023 - 12 - 31	2022 - 12 - 31
流动负债：		
短期借款		1 260 943 473.97
应付票据及应付账款	1 510 329 134.07	1 767 548 600.23
应付票据	239 910 471.35	280 578 048.12
应付账款	1 270 418 662.72	1 486 970 552.11
预收款项		
合同负债	198 090 503.64	187 075 473.61
应付职工薪酬	5 363 888.81	10 920 363.98
应交税费	218 969 327.68	119 181 285.18
其他应付款（合计）	608 667 928.16	282 172 641.76
应付利息		
应付股利		
其他应付款	608 667 928.16	282 172 641.76
其他流动负债	12 237 845.70	11 377 763.91
流动负债合计	2 553 658 628.06	3 639 219 602.64
非流动负债：		
租赁负债	75 176 390.32	98 860 622.08
递延所得税负债	83 635 176.05	84 332 759.81
递延收益——非流动负债	38 950 000.00	119 440 000.00
非流动负债合计	197 761 566.37	302 633 381.89
负债合计	2 751 420 194.43	3 941 852 984.53
所有者权益（或股东权益）：		
实收资本（或股本）	6 379 002 274.00	6 379 002 274.00
资本公积	3 057 638 970.07	3 020 238 194.01

续表

项目	2023 - 12 - 31	2022 - 12 - 31
减：库存股	1 091 850 767.15	398 027 855.55
其他综合收益	19 322 555.32	3 228 412.82
盈余公积	3 298 912 011.55	3 298 912 011.55
未分配利润	28 802 770 314.90	25 520 455 210.66
归属于母公司所有者权益合计	40 465 795 358.69	37 823 808 247.49
少数股东权益	567 291 082.64	589 347 895.68
所有者权益（或股东权益）合计	41 033 086 441.33	38 413 156 143.17
负债和所有者权益（或股东权益）总计	43 784 506 635.76	42 355 009 127.70

下面，我就按照这样的步骤对恒瑞医药的资产负债表进行详细讨论。

（一）考察资产规模的变化以及影响资产规模变化的主要因素

首先，我们观察企业资产总规模的变化。从资产总额来看，恒瑞医药的资产总规模有一定程度的增长：由年初的 423.55 亿元增长到年末的 437.85 亿元，增长幅度不大。

那么，影响企业资产增加的主要因素就不能在资产项目中寻找了，而应该在负债和所有者权益项目中寻找。

接下来，我们观察负债和所有者权益的变化情况。

年末企业的负债总规模为 27.51 亿元，相较年初的 39.42 亿元，实现了显著下降。

企业负债规模大幅下降的主要原因是短期借款大幅减少，即从年初的 12.61 亿元到年末降为 0，而经营性负债则基本保持在年初水平。对企业而言，这种不必要的有息负债的减少，不仅降低了企业的资产负债率，还节约了利息支出，使得企业的财务状况更加健康。

在所有者权益方面，影响最大的是未分配利润，该项目从年初的 255.20 亿元增加到年末 288.03 亿元，成为企业年末资产增长的主要推动力。除了未分配利润外，所有者权益中的其他项目年末余额与年初余额相比变化不大。

通过这样简单的分析，我们就可以了解到影响企业年度内资产增长的主要因素是利润积累。

（二）考察流动资产与流动负债的关系

流动资产是企业中流动性较强的资产，流动负债是企业近期内需要偿还的债务。将这两个项目进行比较，就引出了两个新概念：其一，用流动资产减去流动负债得到的差额，我们称之为净流动资产或营运资本、营运资金；其二，用流动资产除以流动负债得到的比率，我们称之为流动比率。

我们先看一下企业年末的流动比率。恒瑞医药 2023 年年末的流动资产为 312.87 亿元，流动负债为 25.54 亿元，由此计算得出的流动比率为 12.25∶1。

那么，这个比率究竟达到何种水平才算是理想的呢？美国财会领域的专业人士认为是 2∶1，因为这时流动资产对流动负债的保证程度较高。以恒瑞医药为例，其流动比率远高于这一水平，说明流动资产对流动负债的保证程度很高。

仔细分析恒瑞医药流动资产的结构就会发现，仅企业流动资产中的货币资金就达到了 207.46 亿元，这一数额已经远远超过了流动负债的总额。因此，企业流动资产对流动负债的保证完全不存在问题。

需要注意的是，有些企业的流动资产较低，而流动负债相对较高，并且这种状况能够保持较长的时间，如宁德时代、格力电器等。这类企业的流动负债之所以高，主要原因不是短期借款多，而是经营性负债中应付票据、应付账款、预收款项以及合同负债的整体规模较大。对于这样的企业而言，其不高的流动比率恰好反映了企业在上下游关系管理中处于主动地位——可以通过合理安排购买付款和销售收款的时间使企业有充裕的货币资金。

（三）考察负债与资产的关系

将负债与资产进行对比，我们可以得出一个广为人知的财务比率：资产负债率。

那么，资产负债率保持在何种水平较为理想呢？

有观点认为：企业的资产负债率达到 70% 左右时，债务风险就比较大了。高资产负债率特别容易导致企业的债务偿还出现问题。为了具体说明这一点，我们来看看恒瑞医药的资产负债率情况。

恒瑞医药 2023 年年末的资产总额为 437.85 亿元，负债总额为 27.51 亿元。因此，其资产负债率为 6.28%。

这是一个非常低的资产负债率，一般意味着企业偿还债务的能力非常强。

（四）考察企业资产增长的主要动力与发展前景

实际上，我们在前面已经提及了这个问题。

推动企业资产增长的主要动力是利润积累。原本可能对企业资产增长做出更大贡献的经营性负债并未发生显著变化。这意味着企业的经营活动总体保持稳定，这与我们先前在利润表中观察到的企业营业收入年度间变化不大的情况是一致的。

我在深入研究推动企业资产增长的动力机制时，将负债和股东权益分成了四类：

第一类是股东入资的贡献，主要考察股本（或实收资本）与资本公积对资产的贡献（股本与资本公积之和基本可以代表股东的入资贡献。当然，在一些情况下，股本和资本公积的变化并不一定是股东入资的结果。根据我的经验，在进行基本结构分析时，要将股本和资本公积结合在一起考察股东入资贡献，这适用于绝大多数企业）。

第二类是利润积累的贡献，主要考察盈余公积与未分配利润对资产的贡献。

第三类是债务融资的贡献，主要考察各类贷款和有息负债对资产的贡献。

第四类是经营性负债的贡献，主要考察经营性负债整体对资产的贡献。

不同的动力结构，对企业发展的意义是不同的：

• 依靠股东入资和债务融资驱动资产增长的企业，如果长期无法通过业务发展和利润积累推动资产增长，就相当于在持续"烧"股东和银行等金融机构的资金。这种企业一旦失去了资金来源将很难持续发展。

• 依靠业务发展和利润积累持续推动资产增长的企业，才可能形成自身的核心竞争力。

恒瑞医药的数据显示，2023年企业的资产增长，主要依靠利润的积累。这表明说企业处于良性发展的状态。

本节的内容到这里就告一段落了。在这一节中，我们讨论了资产负债表的结构，并了解了快速理解资产负债表的四步分析法。

第一步，考察资产规模的变化以及影响资产规模变化的主要因素。

通过这一步的分析，你将能够准确把握企业发展的方向，并清晰了解支撑企业发展的资源结构，也就是企业依靠谁提供的资源实现发展。

第二步，考察流动资产与流动负债的关系。

这一步的分析将引导你重点关注企业的"两头吃"能力（即同时利用上下游资金的能力）。较低流动比率的企业并不一定有高风险，反而可能预示着其拥有强大的市场能力。

第三步，考察负债与资产的关系。

这一步的分析将使你深刻理解企业的债务结构，并能明确区分烧钱型企业和挣钱型企业：依靠大量贷款的企业，烧钱特征明显；更多依靠商业负债（如应付票据、应付账款、预收款项、应付职工薪酬等）的企业，挣钱的能力更强。

第四步，考察企业资产增长的主要动力与发展前景。

这一步的分析可以让你从企业发展动力的视角对企业的发展前景进行考察。

总结

一是学习本节内容的独特收获：通过四步分析法的学习，你将从只会计算简单的财务比率，如流动比率、资产负债率等，以及比较数字大小，跃升至能够运用我独创的四步分析法考察企业的资源结构和动力机制。

二是本节内容对大家职业生涯的可能贡献：本节内容给大家带来的最大启示可能是：企业之间的竞争，不是简单的资产规模大小的较量，而是支配企业资产变化的动力机制的博弈。在不同的动力机制下，即便有相同的资源规模和结构，企业仍可能会表现出截然不同的竞争力和发展前景。

因此，考察企业的资产负债表，关注影响企业资产变化的资源结构和动力机制并形成习惯，将使你的分析境界从企业管理层面跃升至企业治理层面。

案例分析　　运用四步分析法快速理解中芯国际资产负债表

下面，我们将分析中芯国际的资产负债表来进一步巩固资产负债表的分析方法。

中芯国际 2023 年度合并资产负债表如表 5-4 所示。

表 5-4　中芯国际 2023 年度合并资产负债表　　单位：千元

项目	2023-12-31	2022-12-31
流动资产：		
货币资金	51 235 370	74 921 998
交易性金融资产	1 520 160	2 617 127

续表

项目	2023 - 12 - 31	2022 - 12 - 31
衍生金融资产	303 397	1 021 493
应收票据及应收账款	3 943 747	5 328 735
应收票据	442 456	521 610
应收账款	3 501 291	4 807 125
预付款项	751 860	719 919
其他应收款（合计）	160 063	447 764
应收股利		
应收利息		
其他应收款	160 063	447 764
存货	19 377 706	13 312 746
持有待售资产	156 033	153 432
一年内到期的非流动资产	15 125 314	14 290 889
其他流动资产	4 000 122	2 757 877
流动资产合计	96 573 772	115 571 980
非流动资产：		
其他非流动金融资产	3 413 639	1 450 773
长期股权投资	14 483 883	13 379 643
固定资产（合计）	92 432 359	85 403 283
固定资产	92 432 359	85 403 283
固定资产清理		
在建工程（合计）	77 003 145	45 761 724
在建工程	77 003 145	45 761 724
工程物资		
使用权资产	409 315	733 773

续表

项目	2023 - 12 - 31	2022 - 12 - 31
无形资产	3 344 333	3 427 981
递延所得税资产	93 446	99 205
其他非流动资产	50 709 305	39 275 329
非流动资产合计	241 889 425	189 531 711
资产总计	338 463 197	305 103 691
流动负债：		
短期借款	3 397 576	4 519 383
衍生金融负债	638 720	314 921
应付票据及应付账款	4 939 533	4 012 759
应付票据		
应付账款	4 939 533	4 012 759
预收款项	11 830	133 111
合同负债	14 680 669	13 898 259
应付职工薪酬	1 579 904	1 413 085
应交税费	125 087	232 783
其他应付款（合计）	20 125 032	17 207 143
应付利息		
应付股利		
其他应付款	20 125 032	17 207 143
一年内到期的非流动负债	5 532 789	4 763 925
其他流动负债	1 582 592	1 359 214
流动负债合计	52 613 732	47 854 583
非流动负债：		
长期借款	59 031 810	46 790 301
应付债券	4 243 352	4 167 467

续表

项目	2023 - 12 - 31	2022 - 12 - 31
租赁负债	186 135	401 731
递延所得税负债	275 612	243 623
递延收益——非流动负债	3 397 621	3 834 811
其他非流动负债	244 689	106 462
非流动负债合计	67 379 219	55 544 395
负债合计	119 992 951	103 398 978
所有者权益（或股东权益）：		
实收资本（或股本）	225 508	224 547
资本公积	102 332 246	99 544 503
其他综合收益	4 167 884	2 675 489
未分配利润	35 750 196	30 927 382
归属于母公司所有者权益合计	142 475 834	133 371 921
少数股东权益	75 994 412	68 332 792
所有者权益（或股东权益）合计	218 470 246	201 704 713
负债和所有者权益（或股东权益）总计	338 463 197	305 103 691

下面，我们用前面介绍的分析步骤对中芯国际的合并资产负债表进行分析。

（一）考察资产规模的变化以及影响资产规模变化的主要因素

我们首先看看企业资产总规模的变化。从资产总额来看，企业资产的总规模实现了显著增长：从年初的 3 051.04 亿元增长到年末的 3 384.63 亿元，增长幅度较大。

同样，影响企业资产增加的主要因素要在负债和所有者权益项目中寻找。

接下来，我们关注负债方面的情况。

年末负债总规模为 1 199.93 亿元，相比年初的 1 033.99 亿元，有了一定程度的增长。

从具体结构来看，企业的有息负债包括短期借款、衍生金融负债、一年内到期的非流动负债、长期借款、应付债券和租赁负债等。上述项目年末规模合计为 730.30 亿元，其余负债项目可归为经营性负债，合计为 469.63 亿元。

回顾年初的情况，企业有息负债中的短期借款、衍生金融负债、一年内到期的非流动负债、长期借款、应付债券和租赁负债等项目规模合计为 609.58 亿元，而剩余的经营性负债合计为 424.41 亿元。

由此可见，企业年末与年初在负债结构上的变化为：负债总额的增加是有息负债增加、经营性负债减少共同作用的结果。而经营性负债的减少，与利润表中显示的 2023 年营业收入比 2022 年有所下降的现象相吻合（在其他条件不变的情况下，企业营业收入下降，经营性负债会相应下降）。

有息负债整体增加，主要是由企业年末长期借款增加导致的。

在股东权益方面，出现较大变化的两个项目分别是：未分配利润（值得注意的是，我们未获取到企业的盈余公积数据）；少数股东权益。未分配利润增加（增加了 48.23 亿元），是企业年度内实现盈利的结果；少数股东权益增加，主要是因为少数股东入资，从现金流量表中可以看到，2023 年这些股东入资 51 亿元。

通过上述的简要分析，我们可以明确影响企业年度内资产增长的主要因素包括有息负债增加、利润积累和少数股东入资。

（二）考察流动资产与流动负债的关系

我们先看一下企业年末的流动比率。企业年末的流动资产为965.74 亿元，流动负债为 526.14 亿元，由此计算得出的流动比率为 1.84∶1。

看看，这个比率是不是已经接近 2∶1 了？根据该比率，我们一般可以对企业的流动资产对流动负债的保证程度给予较高的评价。

接下来，我们可以做进一步的结构分析：如果从流动资产中剔除货币资金以及与经营活动没有关系的资产，如交易性金融资产、衍生金融资产、持有待售资产、一年内到期的非流动资产（附注显示，一年内到期的非流动资产是定期存款），那么剩余的经营性资产约为 282.33 亿元（请读者自行计算验证年末应收账款、应收票据、预付款项、其他应收款、存货、其他流动资产等经营性流动资产项目之和）。

是不是感觉很惊讶？参与经营活动的流动资产规模竟然不足 300 亿元。

再看看流动负债中剔除有息负债后的规模。

年末有息负债项目主要包括短期借款、衍生金融负债以及一年内到期的非流动负债等，这些项目年末合计金额为 95.69亿元。因此，剩余的流动负债即为经营性流动负债，合计金额为 430.45 亿元。

请注意，企业的经营性流动资产为 282.33 亿元，经营性流动负债为 430.45 亿元。从账面数据来看，经营性流动资产对经营性流动负债的保证程度偏低。

实际上，通过考察各行业的头部企业，可以发现一个普遍现象：大多数头部企业（如格力电器、美的集团、宁德时代等）均存在经营性流动资产对经营性流动负债的保证程度偏低的问题，但这些企业非但没有因偿债压力陷入财务困境，反而展现出了较强的经营活动现金流量生成能力。

为何会出现这种情况呢？

主要原因是：在这些头部企业中，应付票据、应付账款、预收款项以及合同负债项目在流动负债中占据主导地位。这意味着企业凭借其在行业中的强势地位，可以通过推迟对供应商的付款、预先收取销货款的方式获得企业经营活动现金流量。

因此，中芯国际 2023 年年末的这种流动资产和流动负债的结构性对应关系，显示出其具有较强的经营性营运资本管理能力。

再次强调，当企业的流动负债规模较高主要是由经营性负债中的应付票据、应付账款、预收款项以及合同负债的整体规模较高引起并能持续时，企业不高的流动比率实际上反映了企业在上下游关系管理中处于主动地位。这种地位使得企业能够通过合理安排购买付款和销售收款令企业有充裕的货币资金。

（三）考察负债与资产的关系

中芯国际 2023 年年末的资产总额为 3 384.63 亿元，负债合计为 1 199.93 亿元，由此计算得出的资产负债率为 35.45%。

这是一个比较低的资产负债率，说明企业偿还债务的能力较强。

（四）考察企业资产增长的主要动力与发展前景

从前面的分析中，我们可以得出如下结论：

有息负债增加、利润积累和少数股东入资是推动企业资产增长的主要动力。实际上，在这三个动力中，有息负债增加可能并非企业经营与发展所必需，因为企业经营活动产生的现金流量净额和现金存量均十分充裕，企业完全可以不通过债务融资实现持续性的经营与发展。

那么，企业为什么还进行了规模不小的债务融资呢？这需要通过分析企业的融资环境、融资成本以及其他因素来探寻答案。遗憾的是，这些因素难以通过财报数据分析来全面揭示。

利润积累推动资产增长，这不仅表明企业具备一定的融资能力，还意味着企业能够通过控制向股东分红的规模将利润留存在企业，以支持企业未来更大规模的发展。

少数股东对企业子公司的入资，一般应被视为企业具有较强的吸引非控制性股东的能力。这既有助于企业实现低成本扩张，也意味着子公司的少数股东对企业发展尤其是子公司的发展前景充满信心。

总体来看，中芯国际 2023 年的数据显示，公司资产的增长是公司处于良性发展状态的结果。

6. 系统看报表｜数据透视，好公司还是坏公司？

在前面几节，我与大家一起讨论了如何解读利润表、现金流量表和资产负债表。**在本节，我们将讨论如何将资产负债表、利润表和现金流量表结合起来，从而分辨好企业和坏企业。**

在本节中，我们首先讨论人们在日常评价企业好坏时的关注点，然后再从多个方面分析如何以三张财务报表为基础来识别企业的好坏。

一、日常生活中对好企业和坏企业的关注点

在现实生活中，我们时常会问这样的问题：这家企业怎么样？好不好？我想探讨的是：当我们在询问特定企业怎么样的时候，基本上不会借助于财务报表，那么我们依据什么来判断一家企业是好还是坏呢？

想想在这种情况下你会关注什么？你可能关注以下几个方面：

第一，企业产品在市场上的竞争力。如果有人问格力电器这家公司怎么样，你可能会说："这家公司不错，因为我家里用的几个品牌的空调中，格力电器的质量最好。"这正是普通消费

者在评价企业时所侧重的方面。此外，大众普遍认为，产品质量高、市场地位稳固的企业往往资金充裕，发展前景也更为广阔。

第二，企业员工的薪酬和福利待遇。你还记得吗？格力电器的董事长董明珠曾豪迈地宣布，要给每位员工每月加薪1 000元！她还在其他场合提及，要为员工建房，以解除他们的后顾之忧。这样的企业，无疑在员工心中树立了良好的形象。

第三，各种媒体对企业的评价。在互联网时代，企业的管理、治理、产品质量、领导人素质等多方面信息，都有可能通过媒体得到迅速传播。当然，这些信息中既有企业主动进行的正面宣传，也有竞争对手的刻意抹黑，还有较为中立的研究机构提供的客观分析。虽然媒体的评价中可能会涉及部分财务数据，但很少有系统性地借助三张财务报表对企业进行质量评估。

虽然不以财务数据为基础可以在某些情形下做出比较准确的判断，但当面临与特定企业有关的重大决策时，如考虑是否购买该企业的股票、是否与该企业建立合作关系，或者是否去这家公司应聘时，就需要尽可能多地依据财务数据，特别是从三张基本财务报表入手，进行深入的分析和判断。

二、从财务数据看好企业

下面我从五个方面与大家分享如何通过三张基本财务报表来识别好企业。

（一）企业的资产、营业收入、核心利润以及相应的现金流量协同发展

为了说明这一问题，我们首先来梳理三张基本财务报表之间的逻辑关系。一般来说，这三张报表之间的基本关系是：资产通过运营产生营业收入，进而产生核心利润，而核心利润又带来经营活动产生的现金流量净额。

需要强调的是，无论企业采用何种商业模式，对资产运用的最终结果都应当在利润表上展示出来，并相应地转化为现金流量。

对于一家发展态势良好的特定企业而言，在不同年度之间，其资产、营业收入、核心利润、经营活动产生的现金流量净额未必一定会持续增长。只要这些财务指标能呈现出协调发展的态势，该企业就很可能拥有良好的财务状况。

以恒瑞医药为例，我们来分析它为何被视为一家好企业。

我们在前面的三张报表分析中发现，恒瑞医药 2023 年的营业收入与上一年相比有所增加，毛利率保持较高水平，核心利润稳定地占据营业利润的主体地位，且核心利润的获现能力显著提升；企业资产在 2023 年有一定程度的增加，且质量较高（利润表中显示的资产减值损失和信用减值损失均较少）。上述财务特征表明，恒瑞医药的资产、营业收入、核心利润与经营活动产生的现金流量之间存在良性互动、协调发展的态势。因此，截至 2023 年，恒瑞医药在基本财务数据方面展现出了一家好企业的形象。

（二）企业股权结构、实际控制人与核心管理者对企业发展具有决定性贡献

我们应关注企业股权结构、实际控制人与核心管理者对企业发展的决定性贡献。你可能会问，企业的股权结构、实际控制人、核心管理者这些信息，该到哪里去查找呢？报表里面可没有呀！

我告诉你，这其实并不难。你只需登录"天眼查"等平台，输入企业名称进行搜索，企业的股权结构、董监高等详细信息就会清晰地展现在你眼前。这些因素往往决定着企业发展的根本方向。

我为什么把关注企业股权结构、实际控制人与核心管理者放到如此重要的位置呢？原因在于，通过对企业多年的考察，我发现许多业内人士在分析企业时，往往过于关注与三张财务报表有关的各种财务比率，很少关注企业股权结构、实际控制人与核心管理者等信息。

而实际上，企业的兴衰成败既与资产状况有关，也同企业股权结构、实际控制人与核心管理者的管理有关。正所谓"行行出状元"，对于企业而言，"行行"是指资产所涉足的不同行业，"出状元"是指企业能够保持自身的竞争优势。

是什么决定了企业资产管理和运营的效果与方向呢？显然，不是资产本身，而是支配和控制资产的背后因素，即企业股权结构、实际控制人与核心管理者所共同决定的企业发展方向。因此，重要的不是"行行"，而是驾驭资产的核心力量——企业

股权结构、实际控制人与核心管理者。

看看格力电器的发展历程。从股权结构来看，在很长一段时间内，格力电器的股权结构相对分散。截至 2024 年 6 月，格力电器在股权结构中，仍没有任何一个股东可以占据主导地位，企业处于无实际控制人的状态。

通常，这种较为分散的股权结构容易使企业失去发展的战略方向。幸运的是，对格力电器的战略、管理以及企业资产运行方向起决定性作用的，不是分散的股东及董事会里的董事，而是前任董事长朱江洪和现任董事长兼总裁董明珠。正是这两人定海神针般的领导与管理，才使格力电器一直在专业化的道路上稳步前行。

2019 年，格力电器的第一大股东格力集团将其持有的大部分格力电器的股份进行了转让。这一变动引起了资本市场的广泛关注：第一，谁购买了这些股份？第二，买方成为第一大股东后，与董明珠的合作能否顺利？如果合作顺利，格力电器将继续保持和谐发展；如果不顺利，导致股东与管理层之间出现不和谐，那么格力电器的未来又将走向何方呢？

实际上，在格力集团让出第一大股东和实际控制人的位置后，董事长董明珠与接手的新股东迅速形成了一致行动人的关系。虽然在持股比例上，没有任何一方形成绝对优势，但通过一致行动人的制度安排，董明珠在格力电器的治理中仍保持了强大的话语权，其领导地位并未因股权结构的变动受到挑战。

当然，企业在治理模式发生重大变化以后，很难完全按照原有的惯性继续发展。

案例分析　辅仁药业退市分析

下面，我与大家讨论一个因公司治理问题导致公司退市的案例。

2023年5月22日，辅仁药业集团制药股份有限公司（简称辅仁药业）宣布退市。这一消息对于投资者和债权人而言，如同踩到了雷区，损失惨重；对于公司的员工而言，可能面临裁员或者降薪的困境。因此，辅仁药业的退市将在一定程度上对公司的股东、债权人和员工等带来财务损失或增加财务困难。

实际上，早在2020年，注册会计师在针对企业2019年财务报告出具的审计意见中，就已经对企业存在的重大治理问题发出了预警。

我们来看看具体情况。

1. 注册会计师出具审计意见类型的变化

根据辅仁药业历年发布的年度报告，2006—2018年，注册会计师一直出具的是标准无保留意见审计报告。从2019年开始，尽管企业连续更换了两次审计机构，但注册会计师出具的审计意见中，风险含义最低的也仅为保留意见，其他均为无法表示意见。具体情况汇总如表6-1所示。

需要特别注意的是，注册会计师出具的审计意见并非渐进式转变，而是直接从上一年度的标准无保留意见变为无法表示意见，且这一重大变化是在审计机构未发生变更的条件下出现的。这意味着，在注册会计师看来，企业整体上出现了重大的风险。这种风险的存在，极有可能使企业在财务上陷入不可逆转的困境。

表 6 - 1　辅仁药业相关年度审计意见概览

项目	2022 年	2021 年	2020 年	2019 年	2006—2018 年
审计意见类型	无法表示意见	无法表示意见	保留意见	无法表示意见	标准无保留意见
导致无法表示意见（保留意见）的基础	1. 控股股东及其关联方违规占用资金及违规对外担保 2. 诉讼（仲裁）案件的影响 3. 应收款项的可收回性 4. 借款的准确性和完整性 5. 与持续经营相关的重大不确定性	1. 控股股东及其关联方违规占用资金及违规对外担保 2. 诉讼（仲裁）案件的影响 3. 应收账款的可收回性 4. 审计范围受限 5. 借款的准确性和完整性 6. 期后事项对财务报表的影响 7. 与持续经营相关的重大不确定性	1. 控股股东及其关联方违规占用资金及违规对外担保 2. 诉讼（仲裁）案件的影响 3. 应收账款的可收回性 4. 与持续经营相关的重大不确定性	1. 控股股东及其关联方违规占用资金及违规对外担保 2. 违约债务、诉讼（仲裁） 3. 预付款项、其他应收款项的商业实质及可收回性 4. 应收账款的确认、计量与列报的恰当性 5. 中国证券监督管理委员会立案调查 6. 与持续经营相关的重大不确定性	不适用

续表

项目	2022 年	2021 年	2020 年	2019 年	2006—2018 年
关键审计事项（2017 年前关键审计事项略）	无	无	1. 营业收入确认 2. 存货可变现净值	无	2018 年关键审计事项： 1. 应收账款坏账准备 2. 收入确认
审计机构	深圳旭泰会计师事务所	深圳旭泰会计师事务所	北京兴华会计师事务所	瑞华会计师事务所	瑞华会计师事务所

2. 对审计意见出现重大转折年度所涉事项风险内涵的解读

那么，导致注册会计师对辅仁药业 2019 年度财务报告出具无法表示意见的事项中，究竟蕴含了哪些风险因素呢？

从注册会计师出具的审计报告具体内容来看，列出的导致无法表示意见的六个事项均包含了重大的，甚至可以说是根本的风险因素。

（1）控股股东及其关联方违规占用资金及对外担保。

审计报告指出："**截至 2019 年 12 月 31 日，辅仁药业向控股股东辅仁药业集团有限公司及关联方提供借款余额 163 562.50 万元、向控股股东辅仁药业集团有限公司及关联方提供连带责任担保 14 000.00 万元（尚有担保余额 5 980.00 万元），该事项未经辅仁药业公司董事会、股东大会审议。**"

请注意，上述事项所揭示的企业风险既不是企业的决策风险管控问题，也不是日常经营管理的风险管控问题，而是超越企业决策与日常经营管理的更高层次的企业治理风险问题——企业的公司治理可能存在严重的缺陷。

注册会计师披露上述内容必然是基于确凿的证据。这些证据应能表明：企业可以在未经董事会和股东大会审议的情况下，轻易地将公司及其子公司的巨额资金提供给控股股东及其关联方，或为控股股东及其关联方提供担保。这意味着，企业在很大程度上变成了控股股东及其关联方的"提款机"。

此外，注册会计师还指出："**我们通过查询公开诉讼（仲裁）信息发现，以辅仁药业公司及其子公司名义对外借款由控股股东及其关联方使用、为控股股东及其关联方提供担保，且**

均未按相关规定进行账务处理并及时披露。"

通常情况下，一家公司从金融机构借款后，相关款项应汇入借款公司的账户，并由借款人按照约定的借款用途对借款进行使用，然后按照约定按时偿还借款本金和利息。然而上述描述却向我们展示了另外一种场景：相关款项可能并未进入借款公司的账户，而是直接流入了控股股东及其关联方的账户！这种情形的出现，直接说明辅仁药业的财务会计处理存在重要缺陷。

一家企业的财务会计处理若存在重要缺陷，其会计信息质量必将大打折扣。依据不能真实、准确反映企业财务状况的财务会计信息所做出的相关决策，可能隐藏着巨大风险。

（2）违约债务、诉讼（仲裁）。

审计报告指出：**"辅仁药业公司债务逾期不能偿还，已构成违约并涉及诉讼。截至 2019 年 12 月 31 日，逾期债务本金及利息合计 238 556.58 万元，占账面负债总额 40.50%。"**

通常而言，如果企业的市场份额不断扩大、营业收入持续增长、盈利能力较强，且经营活动产生的现金流量充足，那么只要企业不进行超出自身经营与投资需求的过度债务融资，一般不会出现债务违约的问题。

当企业出现债务违约、诉讼（仲裁）缠身时，其资产质量、盈利质量就有可能存在较大风险：企业可能难以用自身的经营活动和投资活动产生的现金流量来正常偿还债务，也可能难以通过新的筹资方式来偿还现有到期债务。

这意味着企业经营活动与筹资活动产生现金的能力无法有

效解决债务清偿问题，其筹资也面临严重挑战。

（3）预付款项、其他应收款的商业实质及可收回性。

审计报告指出："**辅仁药业公司通过供应商（亳州市济荣堂中药材销售有限公司、亳州市祥润中药材贸易有限公司）、其他往来单位（郑州云之顶商贸有限公司、开封盈天商贸有限公司、许昌宝隆印务有限公司）向控股股东及关联方支付资金，以及与辅仁药业公司子公司进行资金周转。我们无法就辅仁药业公司与上述供应商和往来单位的商业实质和可收回性，以及是否存在关联方关系获取充分、适当的审计证据，因此我们也无法判断预付款项、其他应收款项目对财务报表可能产生的影响。**"

在审计过程中，当注册会计师质疑企业某些项目或业务会计处理的"商业实质"时，往往意味着注册会计师对企业会计处理的恰当性存在疑虑。若注册会计师认为这种质疑所涉及的内容意义重大且无法通过审计程序得到妥善解决，他们就可能在审计报告中列示出来，以此作为支持其出具非标准无保留意见审计报告的依据。

换言之，在出具审计意见之际，注册会计师仍然不能确定预付款项和其他应收款的会计处理是否恰当反映了企业的相关业务活动，那么，这些会计信息的可靠性就值得商榷。

当不属于预付款项性质和其他应收款性质的支出被错误地计入这两类账户时，相关会计信息的可信度将大打折扣，基于此类信息进行的分析和决策就会失去意义。

（4）应收账款的确认、计量与列报的恰当性。

审计报告指出："**辅仁药业公司全资子公司开封制药（集**

团）有限公司 2019 年度主营业务收入 464 294.92 万元，2019
年 12 月 31 日应收账款账面余额 377 603.72 万元，其中 1 年以
内应收账款余额 343 880.34 万元，占 2019 年度主营业务收入的
74.07%；开封制药（集团）有限公司 2019 年度向圣光集团医药
物流有限公司等 96 家客户销售 7.26 亿元、开封制药（集团）
有限公司全资子公司河南同源制药有限公司 2019 年度向安徽益
信堂医药有限公司等 226 家客户销售 1.58 亿元，截至 2019 年
12 月 31 日该等公司当期销售款当期均未回款。在审计中发现，
开封制药（集团）有限公司货币资金内部控制运行存在重大
缺陷。"

从上述描述中，我们可以明确地感受到，注册会计师对**开
封制药（集团）有限公司在 2019 年度确认的收入是否恰当存在
高度质疑**。特别是"该等公司当期销售款当期均未回款"这一
情况不仅让注册会计师质疑企业营业收入确认的恰当性，更对
企业应收账款质量提出了严重质疑。这反映出注册会计师对企
业关于销售的会计处理是否严格遵循了企业会计准则的要求存
在疑虑。

上述问题的风险在于：一方面，如果企业在本期确认的营业
收入所对应的赊销债权最终无法回收，则这些债权将会在未来变
成坏账，进而对未来某一会计期间的营业利润造成负面影响；另
一方面，如果这种**"当期销售款当期均未回款"**的**"业务模式"**
持续下去，企业经营活动产生的现金流量将会逐渐耗尽。

（5）中国证券监督管理委员会立案调查。

审计报告对此事项的描述是："因公司涉嫌违法违规，中国

证券监督管理委员会决定对公司立案调查。截至本审计报告出具日，调查工作仍在进行中。"

虽然企业后续的发展表明，此次中国证监会的立案调查并未导致企业面临退市的风险，但**"公司涉嫌违法违规"**的标签会在很大程度上影响企业对其顾客、员工、供应商、信贷债权人以及股东等利益相关者的社会责任履行。

（6）与持续经营相关的重大不确定性。

审计报告指出：**"截至 2019 年 12 月 31 日，辅仁药业资金流动性困难，面临债务逾期无法偿还以及对外担保承担连带赔偿的资金压力，同时涉及多起诉讼、部分银行账户及资产被冻结，持续经营能力存在重大不确定性。"**

"与持续经营相关的重大不确定性"是对面临重大财务困境、在可预见的将来可能在财务上出现难以为继局面的企业所采用的一种常见描述。

应该说，企业的资金流动性困难、债务逾期无法偿还、承担连带赔偿压力、诉讼不断、资产被冻结等虽然会在短时间内严重影响企业的持续经营，但并不必然导致企业最终陷入严重的财务困境。如果企业的产品或服务的市场地位和竞争力不断提升、经营活动产生的现金流量净额足够充分以及企业拥有多样化的筹资手段，那么它是有可能走出短期财务困境的。然而，要走出财务困境，除了需要企业在经营管理方面不断努力外，还从根本上取决于企业控股股东所拥有的财务资源以及控股股东希望利用被控制企业达到的目的。如果控股股东不在"控股股东及其关联方违规占用资金及对外担保"方面进行克制并尽力消除因此所导致的财务困境，则企业的未来前景将十分黯淡。

3. 持续非标准审计意见的风险内涵

（1）企业在 2020 年更换了审计机构，审计意见的风险形象有所改善。

在 2019 年度财务报告被注册会计师出具无法表示意见审计报告后，辅仁药业于 2020 年更换了负责审计的会计师事务所。当然，这种变更既可能是由于瑞华会计师事务所负责审计的时间达到了规定年限而进行的正常轮换，也可能是辅仁药业希望通过更换会计师事务所改善审计意见而进行的调整。

请注意，虽然变更后的北京兴华会计师事务所对辅仁药业 2020 年度财务报告出具的是保留意见审计报告，改善了辅仁药业财务报告的风险形象，但导致注册会计师出具保留意见的事项是控股股东及其关联方违规占用资金及违规对外担保、诉讼（仲裁）案件的影响、应收账款的可收回性、与持续经营相关的重大不确定性，这与 2019 年导致注册会计师出具无法表示意见审计报告的因素几乎相同。除此之外，企业新增了两个关键审计事项作为补充风险提示：一是营业收入的确认；二是存货可变现净值。

这说明，虽然注册会计师出具的审计意见有所改善，但从整体来看，企业财务报告中的主要风险因素并未消除。

（2）企业在 2021 年再次更换审计机构，注册会计师连续两年出具无法表示意见审计报告。

尽管北京兴华会计师事务所对辅仁药业 2020 年度财务报告出具了保留意见审计报告，改善了辅仁药业财务报告的风险形象，但辅仁药业仍然在 2021 年更换了审计机构，新聘任的审计机构是深圳旭泰会计师事务所。但是，注册会计师对辅仁药业 2021 年和 2022 年度的财务报告均出具了无法表示意见审计报告。显然，这次审计机构的变更并没有使审计意见变得"更好"。

根据表 6-1 中的内容可知，深圳旭泰会计师事务所指出的导致无法表示意见的事项，与瑞华会计师事务所对辅仁药业 2019 年度财务报告出具的审计报告中所提及的事项在主要方面是一致的。

也就是说，自 2019 年以来，影响辅仁药业稳健发展的主要风险因素一直存在。这种风险因素的长期存在，最终形成了推动企业退市的强大力量。

4. 对辅仁药业陷入财务困境过程的进一步考察

前面的内容是在审计意见的引领下对辅仁药业的风险因素进行的考察。下面，我将对导致辅仁药业不断陷入财务困境的根本原因做深入剖析。

（1）辅仁药业相关年度重要财务数据的演变。

表 6-2 展示的是辅仁药业 2016—2022 年部分合并财务报表数据。

表 6-2 表明，2016 年辅仁药业的资产总额、股本、资本公积以及营业收入的规模均相对较小，营业利润的规模仅约 2 000 万元。因此，从各方面来看，辅仁药业在财务上属于规模较小的企业。

表 6-2 辅仁药业 2016—2022 年部分合并财务报表数据

单位：亿元

利润表项目	2022 年度	2021 年度	2020 年度	2019 年度	2018 年度	2017 年度	2016 年度
营业收入	14.69	15.12	28.91	51.71	63.17	57.80	4.96
营业利润	−28.37	−29.49	−13.78	6.57	11.17	9.59	0.20
利息费用	6.92	7.30	6.36	3.04	1.83	1.36	0.31
信用减值损失（2018 年以前为资产减值损失中的坏账损失）	18.29	19.27	9.21	0.60	0.41	0.34	0.01
其中：应收账款减值损失	13.61	6.20	2.15	0.68	未区分	未区分	未区分
其他应收款减值损失	4.70	13.09	2.70	0.08	未区分	未区分	未区分
资产减值损失（2018 年以前剔除坏账损失）	0.48	0.14	0.06	0.09	0.09	0.05	0.03

续表

资产负债表项目	2022-12-31	2021-12-31	2020-12-31	2019-12-31	2018-12-31	2017-12-31	2016-12-31
应收账款	8.85	22.46	37.10	36.38	28.39	23.62	0.67
其他应收款	4.40	9.54	11.41	18.20	0.17	0.20	0.07
资产总计	62.56	83.45	109.17	117.36	107.17	98.80	12.73
各类有息负债（包括短期借款、一年内到期的非流动负债、其他应付息债、其他的有息负债中的有息负债，长期应付款等）	36.17	41.93	44.54	40.94	40.36	36.18	6.74
应付利息	14.19	9.90	6.24	2.07	0.07	0.04	0
有息负债与应付利息之和	50.36	51.83	50.78	43.01	40.43	36.22	6.74
股本	6.27	6.27	6.27	6.27	6.27	6.27	1.78
资本公积	18.98	18.98	18.98	18.98	18.98	18.98	1.29

2017 年，辅仁药业展现出强劲的发展势头：其资产总额、股本、资本公积以及营业收入的规模均实现了跨越式增长。同时，营业利润也大幅提升。

辅仁药业在财务上的巅峰时期出现在 2018 年。这一年，辅仁药业延续了上一年的发展态势，营业收入、营业利润和资产规模等均有一定程度的增长。企业似乎步入了健康、良性发展的快车道。

但是，这种"欣欣向荣"的财务状况却在 2019 年戛然而止：虽然在 2019 年 12 月 31 日企业的资产规模达到创纪录的 117.36 亿元，但本年的营业收入大幅下滑，跌落到 51.71 亿元，营业利润也回落到 6.57 亿元，其规模几乎是上一年的一半。与此同时，合并报表中与企业日常经营活动关联度较低的其他应收款项目从 2019 年年初的 0.17 亿元猛增到年末的 18.20 亿元，而恰恰是企业 2020 年以后对其他应收款计提的巨额减值损失对企业的营业利润造成了巨大冲击。此外，企业对应收账款计提的减值损失，也成了导致营业利润出现巨额亏损的另一个重要因素。

两项债权（应收账款和其他应收款）的先迅速增加、后迅速计提减值损失，并伴随着注册会计师审计意见中的风险提示，这些现象在很大程度上反映了辅仁药业在 2019 年后组织行为的重大变化。

从企业发展的一般规律来看，营业收入和盈利状况在年度间出现一定程度的波动是正常现象。然而，正是在 2019 年，负责辅仁药业年度报告审计工作的注册会计师对企业的财务报告出具了无法表示意见审计报告。从前面的分析中可以看到，这些导致注册会计师出具无法表示意见的事项均蕴含了一定的风险。这些风险的消除与否对于企业未来发展具有至关重要的影响。

遗憾的是，自 2019 年以后辅仁药业的财务状况持续恶化：营业收入大幅减少，盈利能力每况愈下，资产规模不断缩水，偿债能力也显著下降。与此同时，注册会计师连续发表带有明显风险提示性质的审计报告，进一步加剧了市场对辅仁药业未来发展的担忧。

那么，为什么一家在几年以前（2016 年至 2018 年间）看起来运营良好的企业，会在如此短的时间内财务状况持续恶化呢？

实际上，辅仁药业在 2017 年实施的一项重要合并，虽然在短时间内推动了企业基本业务规模的跨越式增长，但也为企业未来财务状况的持续恶化埋下了隐患。

（2）辅仁药业 2017 年的巨变对企业的根本性影响。

辅仁药业 2017 年年度报告显示，企业在这一年完成了一项同一控制下的企业合并。相关信息见表 6-3。

表 6-3 辅仁药业 2017 年度合并信息

被合并方名称	企业合并中取得的权益比例	构成同一控制下企业合并的依据	合并日	合并当期期初至合并日被合并方的收入	合并当期期初至合并日被合并方的净利润
开封制药（集团）有限公司	100%	合并前后均受辅仁药业集团有限公司控制	2017 年12 月 26 日	52.72 亿元	7.70 亿元

原来，辅仁药业 2017 年度的营业收入、资产规模等实现的跨越式发展，主要得益于 2017 年 12 月 26 日发生的这次并购。

企业在 2017 年年度报告中披露，中国证监会已于 2017 年 12 月 21 日核发了《关于核准辅仁药业集团实业股份有限公司重大资产重组及向辅仁药业集团有限公司等发行股份购买资产并募集配套资金的批复》（证监许可〔2017〕2367 号），核准辅仁药业重大资产重组及向辅仁药业集团有限公司等交易对象发行股份 449 564 648 股购买相关资产。

请注意，尽管并购发生的时间是在当年的 12 月 26 日，但由于是同一控制下的企业合并，根据会计准则的规定，被合并企业在 2017 年全年的营业收入和利润等财务数据均要并入辅仁药业的合并报表，视同 2017 年 1 月 1 日被合并企业就已成为辅仁药业的子公司。

在资产负债表方面，同一控制下的企业合并在合并方辅仁药业的合并资产中虽然不产生商誉，但对所有者权益的重要项目——股本产生了重大影响。正是 2017 年的合并，使得企业的股本从年初的 1.78 亿元猛增到年末的 6.27 亿元！

这种股权规模的巨大变化，其背后是股权结构的显著调整：无论合并前辅仁药业的股权结构如何，新增的股份规模（449 564 648 股）远远大于合并前的规模（177 592 864 股），从而使得控股股东对辅仁药业的控制力明显增强。

这种控制力的增强对企业的根本性影响是：如果辅仁药业能更多地站在全体股东立场上谋求企业的发展、最大限度地谋求企业整体价值的最大化，则企业将朝着有利于包括控股股东在内的全体股东的利益关系最优化的方向发展；但如果辅仁药业只是更多地体现控股股东意志，则其组织行为和财务状况就可能朝着有利于控股股东而不利于其他股东的方向发展。

2019 年注册会计师在审计意见中指出的、在后续各个年度基本未得到消除的、影响注册会计师出具审计意见的主要事项，恰恰反映了辅仁药业的组织行为与财务状况持续朝着不利于其他股东的方向发展。

5. 启示

辅仁药业在短短几年的时间里通过合并实现了跨越式发展，但随后又很快陷入财务困境，最终退市，我们可以从中得到如下启示：

（1）公司治理是需要高度关注的企业重要风险因素。

除了企业面临的外部政策风险、竞争环境风险等外部因素外，从企业内部角度来看，公司治理风险在众多内部风险因素中尤为突出，需予以高度关注。公司治理既决定了股东之间、股东与各类债权人之间、股东与员工等利益相关者之间的利益关系，还决定了企业的组织行为及其发展方向。辅仁药业自2016 年以来的发展变化轨迹在一定程度上诠释了公司治理对企业发展的根本性影响。

（2）注册会计师出具的审计报告具有重要的风险警示作用。

注册会计师针对企业财务报告出具的审计意见虽然在表面上是对企业财务会计信息质量的一种评价，但除了规范性的表述如各方责任、形成审计意见的基础等内容外，审计报告中的其他内容均蕴含着丰富的风险提示信息。辅仁药业自 2017 年以来的各年度审计报告中影响审计意见的主要事项均起到了明显的风险提示作用。

即使是在标准无保留意见审计报告中，其关键审计事项也具有重要的风险提示作用。例如，在注册会计师为辅仁药业 2016 年至 2022 年期间出具的审计报告中，2016 年和 2020 年的审计报告特别列出了关键审计事项，涵盖了收入确认、应收账款坏账准备和存货可变现净值等项目。这些事项的提出，旨在提醒信息使用者持续关注这些项目在年度间的变化及发展趋势。辅仁药业后续的财务状况也印证了这一点，其营业收入的持续下滑和应收账款巨额坏账准备的计提，正是企业财务状况持续恶化的重要体现。

实际上，导致辅仁药业财务状况呈现"过山车"式剧烈波动的核心症结是公司治理问题。正是由于治理层面的失控，才使得企业资金被关联方大量占用、关联方担保泛滥、资产质量迅速恶化，"缺乏商业实质"等严重质疑财务信息质量的表述（"缺乏商业实质"这一表述具有极强的信息质量不实暗示效应）出现在审计报告中，并最终导致了企业退市。

因此，对影响注册会计师出具审计意见的各种因素背后的逻辑进行考察，可能揭示出对企业发展至关重要的风险信息。

总结

必须强调的是，决定企业发展方向的绝不是现有的资产规模、产品阵容或市场结构，而是与股权结构、核心人力资源配置等公司治理层面有关的因素。

（三）企业资产整体质量较高

我们需要关注企业资产质量是否保持在一个较高的水平。

或许你会问：怎样判断资产质量呢？毕竟，资产并非直观可见，仅凭那些数据能进行质量分析吗？

我告诉你几个方法，你就能迅速对资产质量有一个直观的感受。

首先，观察资产总规模增长、固定资产增长与营业收入增长之间的关系。

简单来说，如果资产总规模的年度增长超过了营业收入的年度增长，则说明资产增长过快、过猛，且总资产的增长与企业市场规模的扩大没有关系。

同样，如果固定资产总规模的年度增长超过了营业收入的年度增长，则同样表明固定资产增长过快、过猛，且固定资产的增长与企业市场规模的扩大没有关系。（有人可能会立刻意识到：这不就是说明企业总资产周转率和固定资产周转率下降了吗？没错，正是如此。）

如果总资产周转率和固定资产周转率在提高，则资产整体推动营业收入的能力就在增强。

对于制造业而言，由于固定资产是制造业务的基础，因此我们特别需要关注企业固定资产的变化与营业收入之间的关系。

顺便说一下，在大量的财务分析实践中，其实无须精确计算周转率，仅通过观察企业在年度间的发展趋势，就能得出相当准确的判断。

案例分析　中芯国际资产质量分析

下面我们先看看中芯国际 2020—2023 年度的相关财务数据（见表 6 - 4）。

表 6 - 4　中芯国际 2020—2023 年度的相关财务数据

单位：千元

利润表项目	2023 年度	2022 年度	2021 年度	2020 年度
营业收入	45 250 425	49 516 084	35 630 634	27 470 709
营业成本	35 346 301	30 552 673	25 189 070	20 937 253
资产负债表项目	2023 - 12 - 31	2022 - 12 - 31	2021 - 12 - 31	2020 - 12 - 31
固定资产净值	92 432 359	85 403 283	65 366 428	51 415 003
资产总额	338 463 197	305 103 691	229 932 806	204 601 654

数据显示，中芯国际在 2021 年、2022 年的营业收入均实现了增长，但到了 2023 年，营业收入出现了下滑。

与此同时，固定资产净值和资产总额在每年年末相较于年初增长态势明显，但两者的增长速度存在差异。其中，固定资产净值的平均规模在各个年度均远大于当年的营业收入。

我在其他相关书籍或课程讲解中，一直强调通过比较固定资产原值与营业收入来计算固定资产原值周转率。

然而，在本案例中，我们无须计算固定资产原值周转率，只需简单比较一下各年固定资产平均净值与营业收入，即可发现企业固定资产的增长幅度远超营业收入的增长幅度，这表明固定资产原值周转率在显著下降。特别是在 2023 年，这种趋势更为明显：固定资产规模持续扩大，而营业收入却出现了拐点，呈现下滑态势。

当然，一种可能的解释是：企业在 2023 年遇到了偶发性因素，如市场变化、政策调整等，导致营业收入下滑。而企业的长期市场潜力依然巨大，早期购建的固定资产是为了满足未来的市场需求而不是 2023 年的业务准备的。关于这一点，大家只需持续关注中芯国际未来的财务表现就会找到答案。

在资产总额方面，中芯国际在 2023 年已经拥有高达 3 000 多亿元的资产总额。与当年的营业收入相比，这样的资产规模是否显得过于庞大了？

当然，你还可以认为：企业的资产储备不是为 2023 年及以前的业务准备的，而是为未来业务的更大发展准备的。

别急，未来的财务数据自会揭晓真相：如此丰厚的固定资产和总资产准备，企业能否找到相应的市场去发挥其价值。

如果企业购建的固定资产等最终未能带动市场的相应发展，也未能获得预期的利润，那么无论其物理状况多么优良，也终将沦为不良资产。

其次，质量高的资产应当能够产生较高的毛利率（毛利/营业收入×100%）和核心利润率（核心利润/营业收入×100%），并且具有较强的产生经营活动现金流量的能力，也就是核心利润获现率要高（经营活动产生的现金流量净额/包含其他收益后的核心利润×100%）。

以中芯国际的数据为例进行说明。在本节与前面相关内容的展示中，我们已经了解到：中芯国际在 2023 年出现了营业收入下滑、毛利率下降、核心利润为负的实质性业绩下滑。然而，企业经营活动产生的现金流量净额表现却相当出色——核心利润加上其他收益带来的经营活动产生的现金流量净额十分充裕！

这种看似矛盾的财务数据说明：企业经营活动现金流量的获取能力较强。2023 年营业收入下降，导致在固定资产飞速增长、折旧费用越来越高的成本因素驱动下，企业的盈利能力大幅下降。

由于企业资产过重，特别是固定资产、在建工程规模过于庞大（资产重与企业所处的行业特征及企业发展战略直接相关），因此每年产生的固定性费用，如折旧费、摊销费、日常维护费等，对企业而言是一笔不小的开支。这就要求企业必须拥有高毛利率的产品市场，以确保有足够的盈利来覆盖这些成本。如果市场最终迎来大发展，那么企业有望在那个时期迎来财务业绩的巅峰。

再次，资产中应避免包含过多与经营活动无关或者盈利能力较低的资产。 这些资产具体包括过多的货币资金、回收缓慢的应收账款和应收票据、周转缓慢的存货、过多的其他应收款、规模过大或建设周期过长的在建工程、增长过快的固定资产，以及商誉等。这些资产对营业收入的增加或者毫无贡献（如货币资金、在建工程、其他应收款等），或者贡献力不足（周转缓慢的存货和固定资产以及可能变为坏账的周转缓慢的债权）。

最后，质量高的资产应当能够带来较为可观的总资产报酬率。 总资产报酬率是用息前税前利润除以平均资产总额计算得出的，它可用于衡量资产创造利润的能力。

再补充一下，利润表中的资产减值损失和信用减值损失也是评估企业资产质量的重要风向标：计提较多资产减值损失的，相应资产质量较低。

（四）主业突出，市场竞争力强

当下，"不忘初心"已成为时代强音，那么对于企业而言，其初心又是什么呢？在我看来，大多数企业的初心莫过于通过向市场提供特定产品或者服务，来实现盈利目标。**因此，企业的业务结构与企业的初心紧密相连。** 换句话说，企业的业务结构与其初心高度契合，是好企业的重要标志。

以格力电器为例，该公司长期专注于空调产品的研发、生产和销售。一提到格力电器，人们首先联想到的便是空调，且其作为行业领军品牌的形象深入人心。这说明，格力电器的主业突出，市场竞争力强。

在进一步探讨企业业务结构的质量与企业前景之间的关系之前，我想与大家分享一段我的亲身经历。

有一天，我接到了曾经教过的一个EMBA学员的电话。他特别激动地告诉我，他不仅顺利获得了EMBA学位，而且自己的公司也成功上市了。公司主营业务是高科技产品的研发、生产和销售，具有一定的市场竞争力。最近，他正在紧锣密鼓地准备新一轮融资所需要的材料，希望我能够给他一些建议。

我先是恭喜他取得了这些成就，然后爽快地答应了他的请求，并立即询问了他公司的名字和股票代码。在通话的同时，我上网查找了该公司上一年的年度报告。在快速浏览了公司的基本财务报表后，我告诉他："你的财务报表不支持你所描述的情况！"

电话那头的学员显然有些惊讶，随即问道："您为何会这样说呢？您看到了什么信息？"我解释道："你说公司业务涉及高科技产品的研发、生产和销售，并拥有一定的市场竞争力。通常而言，这样的高科技公司应该有较高的毛利率，比如30％以上，甚至50％以上。这是高科技公司'高'的一个重要标志。然而，我查看你公司的利润表发现，毛利率只有15％左右，所以我不认同这样的产品具有高科技属性。"

他听后立刻回应道："张老师，您真是火眼金睛，聊着天就把我看透了！我的公司确实从事高科技产品的研发、生产和销售，但由于资金有限，业务规模相对较小。这次融资就是为了支持公司核心业务的发展。由于融资需要有一定的业务支持，公司的核心业务无论是收入规模还是利润规模都达不到融资要求，因此，我增加了一项贸易业务，希望通过增加贸易量来扩大公司的营业收入和净利润规模。不过，由于贸易业务的毛利率比较低，报表里公司整体的毛利率就降下来了。"

请注意，这个学员提到了"核心业务"的概念。但在非金融企业的利润表中，我们通常只能看到营业收入和其他类金融业务收入，没有"核心业务收入"这一项。这里需要明确一下：

主营业务是指占营业收入比重较大的业务。比如在这家小上市公司中，既有贸易业务，也有高科技产品业务，如果各自所占比重均较大，那么它们都可以被视为公司的主营业务。

核心业务则是指与企业发展战略相关联的业务。在这家公司中，由于高科技产品属于公司发展战略中要着力发展的业务，因此，与高科技产品有关的业务属于核心业务，而贸易业务则不属于核心业务。

为什么要如此关注企业的业务结构与企业前景之间的关系呢？这是因为企业在确立自身的业务领域时，通常是经过深思熟虑的。可能企业的创始人在相应的业务领域拥有各种资源优势，也可能这些业务符合市场需求或者国家及地区的产业政策。

也就是说，企业的核心业务是最有可能成功的业务。核心业务的发展对于企业核心竞争力的形成至关重要。因此，在考察企业的好坏时，既要关注其营业收入总额的变化，又要关注营业收入结构的变化及其发展前景。

（五）企业的造血能力强

我们要关注现金流量表所反映的企业的输血与造血状况。

如前所述，企业的资产通过运营产生营业收入，进而产生核心利润，而核心利润又带来经营活动产生的现金流量净额。对于资产质量高的企业而言，其核心利润应该能够带来充足的经营活动产生的现金流量净额。

无论企业是否产生核心利润，如果其现金流量表中的经营活动产生的现金流量净额是负数，则意味着企业的经营活动处于入不敷出的状态。在这种情况下，维持经营活动正常周转所需要的货币资金，就往往需要通过筹资来解决，即需要输血来支撑。值得注意的是，投资活动产生的现金流量一般不会弥补企业经营活动的现金亏空。

当然，这并不意味着在任何情况下经营活动产生的现金流量净额都必须大于核心利润。但如果经营活动产生的现金流量长期入不敷出，企业就会面临极大的财务风险。

以中芯国际为例。2023 年，中芯国际的核心利润为负数，虽然它在加上其他收益后变成正数，但规模并不大。然而，这规模不大的利润却带来了很高的经营活动产生的现金流量，反映出企业经营活动的造血能力相对较强。

我要强调的是，无论企业的利润状况如何，只要经营活动产生的现金流量净额为负数，就意味着企业经营活动的造血能力不强。如果这种情况长期存在，企业就只能通过融资来输血维持生存。长期依赖输血的企业就是持续烧钱的企业。这种企业一旦无法继续获得融资支持，就可能会在人们的视野中消失。

总结

本节我们讨论了从五个方面识别好企业和坏企业的问题，具体包括：

第一，企业的资产、营业收入、核心利润以及相应的现金流量是否协同发展。 随着资产的增长，好企业的营业收入与核心利润也会相应或更快速地增长，且核心利润转化为现金流量的能力较强。坏企业的资产与营业收入之间关系不明，不良资产较多，营业收入难以持续带来核心利润和相应的现金流量。

第二，企业股权结构、实际控制人与核心管理者对企业发展是否具有决定性贡献。 好企业的股权结构和实际控制人相对稳定，发展战略清晰；核心管理者队伍稳定且能够长期引领企业良性发展，这对好企业的建设非常重要。坏企业可能在实际控制人的不当引领下逐步被掏空。在此过程中，一些不愿与大股东同流合污的高级管理人员可能会离开企业。因此，在治理风险较高的阶段，高管离职现象较为常见。

第三，企业资产整体质量。 好企业的资产结构中无明显不良资产，资产结构协调，资产增长能有效促进营业收入快速增长，核心利润质量较高，核心利润率、总资产报酬率也较高。坏企业的资产中，存在较多与企业营业收入、战略和盈利能力关系不明的资产，这些资产可能给企业带来一些问题，如高商誉和高无形资产并购导致的评估增值风险、在建工程长期居高不下、固定资产原值周转率持续下降、存货周转缓慢并伴随减值损失计提增加、资产减值损失与信用减值损失高企等。

第四，主营业务的市场竞争力。好企业拥有竞争优势明显、符合公司发展战略的主营业务，并能持续发展；坏企业则难以找到具有竞争力、成长性强的业务区域，逐渐被市场边缘化乃至抛弃。

第五，企业的造血能力状况。好企业既有核心利润和投资收益，还有较大规模的经营活动产生的现金流量净额以及由投资收益带来的现金流量。坏企业往往表现为有利润无现金流量，或者既无利润又无现金流量，最终陷入现金流量枯竭的困境。

当然，企业的好和坏具有相对性。很多企业不能简单地用好或者坏来形容，更多的时候，我们不能轻易地对一家企业下定论，而应该站在特定的立场去考察和评价。

比如，关于格力电器的争议就是一个典型的例子。如果你从企业的资产规模和资产质量、营业收入及盈利能力、核心利润占营业利润的比重、核心利润获现能力以及现金股利政策等方面去考察，格力电器无疑是一家经营业绩突出、盈利质量较高、能够持续向股东支付高额现金股利的好企业。

但如果你站在另一个立场，要求格力电器尽快实现有战略意义的多元化，尽快将企业的非经营性资产（如高额货币资金）投到具有重大战略价值的产业中，则格力电器就是有明显不足的企业。

再者，如果你站在资本市场投资者的角度，希望通过股价的短期波动而不是长期持有格力电器股票来获取收益，那么你可能认为该企业不具有投资价值；但如果你是在股价较低时购买了格力电器股票并打算长期持有，以不断获得分红收益为目标，你就会认为格力电器是一家值得投资的好企业。

因此，站在不同的立场看待同一家企业，可能会得出截然不同的结论。

当然，迅速走上不归路的企业就是坏企业。

总结

一是学习本节内容的独特收获：借助五步分析法，你可以根据企业的资产负债、利润表和现金流量表对大量的企业进行分析，从而快速识别出好企业。

二是本节内容对大家职业生涯的可能贡献：通过本节的学习，你将显著提升识别好企业的能力。这种识别能力是以对三张报表逻辑关系的认识为基础的。一旦具备了辨识好企业的能力，你将在资本市场上进行股票投资、参与企业管理中的并购决策等方面更加游刃有余。

财报掘金：现金为王，如何少花钱多赚钱？

7. 现金流丨公司如何"两头吃"？从上下游关系看竞争力

我们在前面已经了解到，企业主要的财务报表有三张，分别是资产负债表、利润表和现金流量表。

这三张财务报表从不同角度反映了企业的财务状况：第一张：资产负债表，它展示了企业在特定时点所拥有的资源，即企业的"家底"；第二张：利润表，它展示了企业在一定时期内的经营绩效，可以视为企业经营业绩的"脸面"；第三张：现金流量表，它揭示了企业在一定时期内的现金流入和流出情况，清晰地显示了企业日常开支中资金的来源和去向。

更形象的比喻：可以用"底子"来概括资产负债表所展示的信息，用"面子"来概括利润表所展示的信息，用"日子"来概括现金流量表所展示的信息。

现在，我问你一个问题：作为一个职场人，你可能拥有来自多种渠道的钱——有的源自父母的馈赠，有的是从朋友那里借来的，有的则是自己工作或者投资挣得的。那么，哪种钱你花起来最心安理得？不同的人或许有不同的答案。

如果你是一个负责任、有担当的人，你的答案应当是：花自己挣的钱最心安理得。

企业也一样。身为企业的管理者，会面临来自不同渠道的资金，有的来自股东的注资，有的是从银行借来的，有的则是企业通过经营或者投资赚取的。正如一个有担当的普通人一样，作为一个有担当的企业家，在动用企业自身通过经营或者投资赚得的钱时，也应当是最心安理得的。通过自身的经营活动和投资活动赚钱，无疑是企业家最为热衷也最为自豪的事情。

在这一节中，我将与大家讨论如何通过资产负债表识别企业经营过程中赚钱能力的强弱。

请注意，任何企业都不是孤立存在的，它一定会与很多供应商、客户等打交道。因此，企业经营活动的赚钱问题，就会涉及企业与上下游的收付款关系管理问题。

正因如此，我们习惯将企业经营活动的赚钱能力叫做"两头吃"的能力。这里的"两头"，一头是指上游的卖方（供应商）；另一头是指下游的买方（客户）。

我们应从四个方面分析企业"两头吃"的能力：一是明确展示企业经营过程中"两头吃"能力的主要项目；二是考察企业的销售收款情况；三是考察企业的购货付款情况；四是综合评价企业"两头吃"的整体状况。

一、明确展示企业经营过程中"两头吃"能力的主要项目

实际上，能够展示企业经营过程中"两头吃"能力的项目都集中在资产负债表上。

（一）与销售收款有关的项目

在流动资产部分，与销售收款有关的项目包括应收票据、应收账款、应收款项融资（应收款项融资是 2019 年年报中新增设的项目，主要由应收票据转化而来，可以视同应收票据处理）**以及合同资产**（合同资产是从应收账款中分离出来的一个债权项目）。在学习初期，我们可以暂时不对这些项目进行细分，因为它们都是企业因销售商品或者提供服务而形成的债权。

这些项目所代表的主要是企业销售活动已经完成但尚未收回的款项。比如，当你售出一件产品但尚未收到货款时，这笔款项就应当计入应收账款。

在流动负债部分，与销售收款有关的项目包括预收款项和合同负债。预收款项和合同负债性质相似，都代表了企业在提供货物或者服务前预先收取买方的款项。比如，某企业是一家汽车供应商，在客户提车之前，客户可能会先支付一笔订金。对于供应商而言，收到的这笔款项就是预收款项。

（二）与购货付款有关的项目

我们转换一下视角，假设企业要购置一些存货，并为此预先支付了一笔订金。这笔订金就是企业的预付款项。在流动资产部分，预付款项代表了企业在收到货物或者服务前预先支付给卖方的款项。

在流动负债部分，与购货付款有关的项目包括应付票据和应付账款。两者均代表企业已经收到货物或者已经接受服务，但尚未支付的相关款项。

此外，还有一个与购货付款有关的流动资产项目，即存货。在大多数情况下，存货的采购会导致预付款项、应付票据和应付账款的产生。因此，在分析企业的购货付款情况时，还要结合存货规模的变化来考察预付款项、应付票据与应付账款的情况。

二、考察企业的销售收款情况

接下来，我们来探讨企业是如何进行销售收款的。想想看，你是希望应收账款与应收票据多一些，还是希望预收款项多一些？有人可能会说："我当然希望预收款项多一些啊，落袋为安嘛！"毕竟，到手的钱才最让人感到踏实。

任何企业都希望自己的预收款项多一些。因为预收款项越多，企业通过销售赚的钱就可能越多；应收账款与应收票据越多，企业赊销后被欠的钱就越多。

一家企业在销售过程中，是先收取预收款后提供商品或者服务，还是先提供商品或者服务后收取相关款项，其实受很多因素的影响。

比如行业惯例就是一个重要的影响因素。以之前提到的汽车销售行业为例，对于比较大额的款项，一般都会要求客户预付订金。相关的决策还与企业的竞争地位或者营销策略有关。有些企业会通过增加应收账款和应收票据来刺激营业收入的增长。

无论受何种因素的影响，只要观察资产负债表上相关项目在年度间的数据变化，就能分析出企业对买方的收款情况。

我向大家介绍一下我总结的企业销售收款情况的分析方法。

第一步，比较企业的应收票据、应收账款、应收款项融资及合同资产之和与预收款项及合同负债之和之间的规模关系，确定企业销售的基本方式。这一步是为了明确在企业的销售收款中，是赊销款的占比大，还是预收款的占比大，或者赊销款与预收款基本持平。

案例分析 恒瑞医药和中芯国际销售收款情况分析

我们先来看两家企业的财务状况：一个是恒瑞医药 2023 年合并资产负债表中的有关数据（见表 7 - 1）；另一个是中芯国际 2023 年合并资产负债表中的有关数据（见表 7 - 2）。

表 7 - 1　恒瑞医药 2023 年度合并资产负债表中的有关数据

单位：元

项目	2023 - 12 - 31	2022 - 12 - 31
流动资产部分项目：		
应收票据及应收账款	5 520 325 210.17	6 394 187 930.35
应收票据	325 831 647.59	502 790 602.73
应收账款	5 194 493 562.58	5 891 397 327.62
应收款项融资	614 581 544.25	1 947 283 306.23
预付款项	1 221 081 000.79	1 054 793 777.86
存货	2 314 026 002.52	2 450 574 758.45
流动负债部分项目：		
应付票据及应付账款	1 510 329 134.07	1 767 548 600.23
应付票据	239 910 471.35	280 578 048.12

续表

项目	2023 - 12 - 31	2022 - 12 - 31
应付账款	1 270 418 662.72	1 486 970 552.11
预收款项		
合同负债	198 090 503.64	187 075 473.61

表 7 - 2　中芯国际 2023 年度合并资产负债表中的有关数据

单位：千元

项目	2023 - 12 - 31	2022 - 12 - 31
流动资产部分项目：		
应收票据及应收账款	3 943 747	5 328 735
应收票据	442 456	521 610
应收账款	3 501 291	4 807 125
预付款项	751 860	719 919
存货	19 377 706	13 312 746
流动负债部分项目：		
应付票据及应付账款	4 939 533	4 012 759
应付票据		
应付账款	4 939 533	4 012 759
预收款项	11 830	133 111
合同负债	14 680 669	13 898 259

从恒瑞医药的数据来看，2023 年年末，企业因赊销形成的债权——应收票据及应收账款的总规模是 55.20 亿元，而由预收款销售所产生的预收款项与合同负债的总规模为 1.98 亿元。

这是不是意味着恒瑞医药的销售以赊销方式为主呢？

再看看中芯国际。众所周知，近年来芯片行业异常火爆。这种火热的市场环境对中芯国际的销售收款又有什么影响呢？

从中芯国际的数据来看，2023 年年末，企业因赊销形成的债权——应收票据及应收账款的总规模为 39.44 亿元，而由预收款销售所产生的预收款项与合同负债的总规模高达 146.92 亿元。

这是不是意味着中芯国际的销售以预收款方式为主呢？

> **总结**
>
> •如果企业的应收票据、应收账款、应收款项融资及合同资产之和大于预收款项与合同负债之和，则一般说明在企业的销售活动中，赊销规模大于预收款销售规模；
>
> •如果企业的应收票据、应收账款、应收款项融资及合同资产之和小于预收款项与合同负债之和，则一般说明在企业的销售活动中，赊销规模小于预收款销售规模；
>
> •如果企业的应收票据与应收账款之和与预收款项及合同负债之和基本持平，则一般说明在企业的销售活动中，赊销与预收款销售各占约 50%。

第二步，比较年度内企业应收票据与应收账款之和的规模变化，确定企业年度内赊销款的回收情况。

为此，我们需要将年初和年末的应收票据与应收账款的总和进行对比。

我们先看一下恒瑞医药的数据。

恒瑞医药年末的应收票据与应收账款之和相较年初有显著下降。这是否意味着该企业不仅收回了本年度赊销的全部款项，还收回了一些年初的欠款？结合企业 2023 年营业收入比 2022 年有所增长的情况，可以判断企业年度内的赊销回款状况良好。

结论：恒瑞医药年度内的赊销回款表现相当不错。

下面再来看中芯国际的数据。

中芯国际年末的应收票据与应收账款之和比年初也显著减少，结合企业年度内的营业收入比上年有所下降，更凸显了企业与营业收入有关的赊销回款状况良好。

结论：中芯国际年度内的赊销回款表现也相当出色。

总结

如果企业年末的应收票据、应收账款、应收款项融资及合同资产之和与年初基本持平，则一般说明企业年度内的赊销款项基本全部回收。

如果企业年末的应收票据、应收账款、应收款项融资及合同资产之和大于年初，则年末大于年初规模的部分一般是企业年度内的赊销款项没有回收的部分，即本年度内的赊销款项未全部回收。

如果企业年末的应收票据、应收账款、应收款项融资及合同资产之和小于年初，则说明企业年度内的赊销款项不仅全部回收，还增收了一部分以前年度的款项。年末小于年初规模的部分一般是企业年度内多回收的以前年度款项。

第三步，比较年度内企业预收款项与合同负债之和的规模变化，确定企业年度内预收款销售的变化情况。

基本原理：如果企业年末预收款项与合同负债之和大于年初，则表明企业预收款销售规模有所增大，资金有所增加；反之，亦然。

恒瑞医药：虽然企业合同负债的规模相对较小，但年末大于年初，这意味着企业预收款销售规模有所增大。

中芯国际：企业预收款项与合同负债之和的规模远大于应收账款与应收票据之和，且年末预收款项与合同负债之和也大于年初。

总结

如果企业年末的预收款项及合同负债之和与年初基本持平，则一般说明企业年度内的预收款销售在持续稳定地发展；如果企业年末的预收款项及合同负债之和大于年初，则一般说明企业年度内的预收款销售的规模在增大；如果企业年末的预收款项及合同负债之和小于年初，则一般说明企业年度内的预收款销售的规模有所减小。

第四步，结合企业应收账款、应收票据、应收款项融资及合同资产之和与预收款项及合同负债之和年度内的变化情况，综合评价企业年度内的销售收款情况。

综合前面两个案例的收款情况，可以发现两家企业的表现是一致的：赊销债权年末下降，预收款项与合同负债之和年末上升，整体销售收款情况良好。

虽然这两家企业的发展态势相似，但它们的销售策略显著不同：恒瑞医药以赊销为主，年度内对赊销债权的管理取得了显著提升；而中芯国际则在坚持预收款为主要销售政策的同时，加强了赊销债权的回收。

三、考察企业的购货付款情况

下面我们来看看，企业是如何进行购货付款的。假设企业现在想要购买一批货物，你是希望应付账款与应付票据多一些，还是希望预付款项多一些呢？

这时候你或许会很肯定地告诉我：任何企业都希望自己的预付款项少一些。因为预付款项越少，企业通过采购节省下来的资金就越多；应付账款与应付票据越多，代表企业利用的供应商的资金就越多。这一点与前面提到的收款情况相似，只不过是从卖方的角色转换成了买方的角色。

一家企业在采购过程中，是先支付预付款后接受商品或者服务，还是先接受商品或者服务后再支付相关款项，取决于多种因素，包括行业惯例、企业竞争地位以及卖方企业营销策略等。

但是，无论受何种因素的影响，只要观察资产负债表上预付款项、存货、应付票据与应付账款这几个项目在年度间的数据变化，就能分析出企业对卖方的付款情况。

我向大家介绍一下我总结的简单判断企业购货付款情况的方法。

第一步，比较企业的应付票据与应付账款之和同预付款项之间的规模关系，确定企业购货付款的基本方式。

如果企业的应付票据与应付账款之和同预付款项基本持平，则一般说明在企业的采购活动中，赊购与预付款采购各占约50%；如果企业的应付票据与应付账款之和大于预付款项，则一般说明在企业的采购活动中，赊购规模大于预付款采购的规模；如果企业的应付票据与应付账款之和小于预付款项，则一般说明在企业的采购活动中，赊购规模小于预付款采购的规模。

第二步，比较年度内企业应付票据与应付账款之和的规模变化，确定企业年度内赊购款项的支付情况。

如果企业年末的应付票据与应付账款之和同年初基本持平，则一般说明企业年度内的赊购款项已基本支付完毕，且未新增大规模赊购；如果企业年末的应付票据与应付账款之和大于年初，则年末大于年初规模的部分一般是企业年度内新增加的赊购款项；如果企业年末的应付票据与应付账款之和小于年初，则说明企业年度内的赊购能力在下降，年末小于年初规模的部分一般反映了企业年度内多支付的以前年度应付款项。

第三步，比较年度内企业预付款项的规模变化，确定企业年度内预付款采购的变化情况。

如果企业年末的预付款项与年初基本持平，则一般说明企业年度内的预付款采购基本平稳；如果企业年末的预付款项大于年初，则一般说明企业年度内的预付款采购规模在增长；如果企业年末的预付款项小于年初，则一般说明企业年度内的预付款采购规模有所减小。

第四步，结合企业存货、应付账款、应付票据与预付款项年度内的变化情况，综合评价企业年度内的购货付款情况。

案例分析　恒瑞医药和中芯国际购货付款情况分析

我们根据前面展示的恒瑞医药和中芯国际与存货有关的数

据，对这两家企业的购货付款情况进行分析。

首先来看恒瑞医药的情况。

第一步，比较企业的应付票据与应付账款之和同预付款项之间的规模关系，确定企业购货付款的基本方式。

数据显示，企业年末的应付票据与应付账款之和为 15.10 亿元，大于年末预付款项的 12.21 亿元，说明在企业的采购活动中，赊购规模大于预付款采购规模。

第二步，比较年度内企业应付票据与应付账款之和的规模变化，确定企业年度内赊购款项的支付情况。

数据显示，企业年末的应付票据与应付账款之和为 15.10 亿元，小于年初的 17.68 亿元，说明企业年度内赊购规模有所减小，在其他条件不变的情况下，企业支付了更多的购货资金。

第三步，比较年度内企业预付款项的规模变化，确定企业年度内预付款采购的变化情况。

数据显示，企业年末的预付款项为 12.21 亿元，大于年初的 10.55 亿元，说明企业年度内的预付款采购规模在增大，企业采购资金的支出规模进一步加大。

第四步，结合企业存货、应付账款、应付票据与预付款项年度内的变化，综合评价企业年度内的购货付款情况。

从整体态势来看，在企业存货减少 1.37 亿元（24.51－23.14）的情况下，企业的预付款项在增加，而应付票据与应付账款之和下降了 2.58 亿元（17.68－15.10），大于企业存货的减少规模。

这意味着尽管企业的存货规模在减小，但预付款项在增加，且应付票据与应付账款之和的减少更多（支付的资金更多）。

虽然年度内各项目的变化幅度不大，且年度间保持了相对稳定，但恒瑞医药购货付款的趋势是明显的：企业在存货采购上的资金支出有加速的倾向。

再来看中芯国际的情况。

第一步，比较企业的应付票据与应付账款之和与预付款项之间的规模关系，确定企业购货付款的基本方式。

数据显示，企业年末的应付票据与应付账款之和为 49.40 亿元，大于年末预付款项的 7.52 亿元，说明在企业的采购活动中，赊购规模大于预付款采购规模。

第二步，比较年度内企业应付票据与应付账款之和的规模变化，确定企业年度内赊购款项的支付情况。

数据显示，企业年末的应付票据与应付账款之和为 49.40 亿元，大于年初的 40.13 亿元，说明企业年度内赊购规模有所增加，在其他条件不变的情况下，企业节约了更多的购货资金。

第三步，比较年度内企业预付款项的规模变化，确定企业年度内预付款采购的变化情况。

数据显示，企业年末的预付款项为 7.52 亿元，大于年初的 7.20 亿元，说明企业年度内的预付款采购规模略有增加，企业采购资金的支出规模有所加大。

第四步，结合企业存货、应付账款、应付票据与预付款项年度内的变化，综合评价企业年度内的购货付款情况。

从整体态势来看，在企业存货从年初的 133.13 亿元大幅增加到年末 193.78 亿元的情况下，企业的预付款项增加不多，应付票据与应付账款之和仅仅增加了 9.27 亿元（49.40－40.13），这远远小于企业存货的增加规模。

尽管企业存货规模大幅增加，但预付款项的增加并不多，这表明企业在预付款采购方面控制力度较大。同时，由于应付票据与应付账款之和增加较少，企业在存货采购上的资金支出显著增加。

整体来看，企业增加的存货主要是花钱买的，而非赊购的：企业年度内在存货采购上的资金支出明显加大。

四、综合评价企业"两头吃"的整体状况

最后，我们来综合评价企业"两头吃"的整体状况，这需要将企业的销售收款与购货付款情况结合起来进行分析。

以恒瑞医药为例，企业的应收票据与应收账款之和减少、预收款项与合同负债之和增加，这说明企业的销售收款情况良好。

然而，在购货付款方面，企业却出现了支出增加的态势。庆幸的是，企业年度间与存货采购有关的项目保持了基本稳定，因此购货付款的增加并未从根本上导致企业经营活动产生的现金流量净额出现显著不足。

整体来看，恒瑞医药的"两头吃"能力较强。

我们再来看中芯国际的情况。

中芯国际的应收票据与应收账款之和减少、预收款项与合同负债之和增加，且以预收款销售为主，这说明企业的销售收款情况相当好。

然而，在购货付款方面，企业由于存货激增、相应负债增加不多，导致出现了支出大幅增加的态势。不过，得益于企业预收款和赊销回款管理富有成效，企业经营活动产生的现金流量净额远高于核心利润加上其他收益的规模。

整体来看，中芯国际的"两头吃"能力非常强。

讲到这里，这一节就告一段落了。本节我与大家讨论了企业管理中一个引人入胜的话题——上下游关系管理的分析问题。

我们从四个方面了解到企业的"两头吃"能力。

第一，我们掌握了反映企业经营过程中"两头吃"能力（赚钱状况）的主要项目。其中，与销售收款有关的项目包括应收票据、应收账款、应收款项融资、合同资产、预收款项以及合同负债；与购货付款有关的项目包括存货、预付款项、应付票据和应付账款等。

第二，我们掌握了分析企业收款能力的方法，具体从应收和预收两个方面进行了分析。

第三，我们掌握了分析企业付款状况的方法，具体从应付和预付两个方面并结合存货的变化进行了分析。

第四，我们现在已经具备了综合评价企业"两头吃"情况的能力。

总结

一是学习本节内容的独特收获：通过本节的学习，你现在完全可以不再借助流行的财务比率计算，直接依据财务数据本身对企业的"两头吃"能力进行分析了。

二是本节内容对大家职业生涯的可能贡献：我一直致力于通过揭示数据间的关系来剖析企业财务数据背后隐藏的管理状况。在前几节中，我已经在有意识地在这方面做了讲解。在学习以后，我相信你会更加积极主动地面对企业的财务报表，并产生强烈的分析欲望。

经过一定的历练，你会发现，利用财务数据而不是他人计算出来的财务比率来评价企业的管理和财务状况，将会是你独特的竞争优势。

8. 预算管理｜预算一聊就掰？这样安排预算都没意见

这一节我们讨论一下企业管理中的预算问题。主要涉及以下几个问题：

（1）如何理解预算的内涵和预算管理的实质？

（2）预算管理与财务报表之间有什么关系？

（3）怎样的预算管理才能实现皆大欢喜？

一、预算的内涵和预算管理的实质

（一）预算的内涵

提到"预算"这个概念，相信你一定不会感到陌生。在日常生活中，如购物、装修等场合，我们经常会遇到与预算相关的问题。比如，当你想购买一台电脑时，可能会询问一位卖电脑的朋友："哪个品牌的电脑好？"这时，他往往会先问你："你的预算大概是多少？如果预算多，就可以选择配置高的；如果预算少，可以选择性价比高的。"

这是不是有种"量入为出"的感觉？

在财会领域，预算的范围更加广泛，它不仅包括资金，还包括业务的规模、费用的控制等。

企业的预算，通常是指各种可以用货币来表现的计划，如未来一段时间内的销售收入预算、各种费用支出预算、目标利润预算等。**在很多情况下，预算被认为是未来行动计划的货币化分解。**

如果你在大学里学过有关课程，那么你一定重点学习了预算的编制方法，如静态预算、弹性预算、零基预算、滚动预算等。然而，根据我对企业的了解，在实际编制预算的过程中，很少有人过分关注预算编制的方法。那么，大家真正关注的是什么呢？

（二）预算管理的实质

上面我提到，在很多情况下，预算被认为是未来行动计划的货币化分解。因此，人们往往会很自然地认为，预算管理应由财务管理部门来主导，因为财务管理部门是企业各种活动货币化表现的中枢机构。

实际情况也确实如此。据我观察，很多企业的预算管理是由财务部门主导的。然而，在企业预算编制过程中，部门之间经常会发生"争吵"。究竟在吵什么呢？

假设是这样的场景：财务管理部门负责人李总对子公司负责人张总说："张总，根据公司的发展目标以及你们子公司的具体情况，我们财务部核定，你们公司下一年度的营业收入要增长 50%，营业利润要增长 60%。请你们按照这个目标去规划明年的业务。"

张总自信满满地回应："李总，您这不是小瞧我们嘛！根据我们的估计，明年的营业收入怎么可能才增长 50%，至少能达到 80%！利润增长的幅度会更大，我们还发现成本有很大的节省空间，明年的营业利润至少能比今年增长 90%！您就按照这些数据给我们制定预算吧！"

李总说："不不不，这样你们的压力太大了！"张总说："放心吧！我保证超额完成任务！"

如果遇到这样的情形，你可能会想：张总真是干劲十足啊！但现实中，这样的"争吵"并不常见。通常会出现这样的场景：

听到财务管理部门李总提出的目标，张总吓出一身冷汗，说："李总，您可太高看我们了！现在的市场竞争非常激烈，您还是把我们的任务目标调低一些吧。"

李总说："张总，您可不能给我们打埋伏呀！我对你们的情况可是了如指掌，只要努力，这个目标一定能实现。"

张总回应："这下压力可是翻了好几倍啊，我总要对下属有所交代，可能还得考虑人员扩招。您看，在员工薪酬、人才招聘方面能不能给我们更多的自主权，让我们把激励制度再改进一下？另外，在资金上您也要大力支持我们呀！"

这种"争吵"的结果，要么是李总降低对张总所在的子公司未来预计目标的要求，要么是张总在基本满足李总要求的同时，李总承诺未来在资金上给予张总的公司更多的支持，同时请示更高层领导，放宽对张总所在子公司对内部员工激励的限制等。

因此，公司内部关于预算的"争吵"，焦点不是任务指标，

而是利益！

根据上面描述的情形可以看出，预算过程绝不仅仅是简单的未来任务分解和目标达成的过程，而是在一定的目标任务基础上的利益协调过程。

因此，我们可以明确地说：**预算管理的实质是利益的协调。**

这意味着，相对于预算编制的方法，更重要的是权衡公司发展战略与资源分配的关系，平衡企业发展过程中各管理部门和业务部门的工作与业务发展需求。在这个过程中，沟通与协调至关重要。

二、预算管理与财务报表之间的关系

有人可能会问："张老师，这是一本介绍财务报表分析的书，为何将预算管理与财务报表分析联系起来呢？"对此，我要明确告诉你：预算管理与财务报表之间的关系非常密切，其对理解财务报表至关重要。

我先给大家讲一个故事。在 2012 年 5 月 25 日以前，格力电器的董事长是朱江洪，总裁是董明珠。就在当天召开的股东大会上，朱江洪因年龄问题正式卸任。当有人问他给格力电器留下了什么时，朱江洪说："我给格力电器留下了技术兴起的基因。在我担任董事长期间，我始终强调企业必须牢牢掌握核心技术，所以在预算中，我们总是尽力满足研发的需要。"

请注意，研发费用在当时是计入企业的管理费用的，而现在研发费用已经独立出来，作为一个单独的费用项目，列入利润表中了。

在日常的企业管理中，你会发现一个普遍现象：企业的领导熟悉哪个领域、重视哪个方面，资源往往就会朝哪个方向倾斜。

比如，朱江洪是技术出身，他将预算往研发方面倾斜，因此与研发有关的费用在报表中就会显现出增长趋势。若换做一个人力资源背景的管理者，可能会将更多预算资源投在人力资源上，从而使得企业的人工成本规模更大。而营销背景的管理者，特别希望通过加大对营销资源的投入来提升企业的品牌影响力和市场占有率，从而导致销售费用发生显著变化。

在资源有限的情况下，资源的安排与企业最高领导者的出身、经历以及偏好密切相关。

一般来说，企业的资源总是有限的。因此，在预算制定的过程中，资源往哪个方面倾斜，是企业管理者必须要做的选择。不同的选择会导致财务报表有不同外在表现：

重视技术的管理者，必然在固定资产、无形资产的配置方面强调其先进性，同时在产品的质量上更加注重内在品质，从而在固定资产、无形资产以及研发费用上会有较多投入。

重视人力资源的管理者，必然倾向于在员工的薪酬和激励上加大投入，期待这种高投入能增强企业的凝聚力，调动员工的工作积极性，因此在各项成本构成中，与人力资源有关的因素占比必然会比较高。

重视营销的管理者，必然在企业营销渠道拓展、营销方式创新、市场形象塑造和品牌建设方面有更强的投资动力，这使得企业的销售费用的绝对额保持在较高水平。

因此，可以明确地告诉大家：企业的财务报表，是执行企业预算的结果。深刻理解这一点，对于审视和分析企业的财务报表非常重要。

三、皆大欢喜的预算管理

制定预算是财务管理者的一项基本职责。做得好，则皆大欢喜；做不好，则可能让各方都陷入困境。我这里所说的"皆大欢喜"，绝不是指让企业中的每个人都满意，而是在大的方面，能够兼顾企业整体目标、部门利益以及员工个人利益。

那么，怎样才能做好预算管理呢？

前段时间我去一家大型企业做调研，专门考察了该企业的预算管理情况。

该企业的负责人兴奋地告诉我："我们单位的预算管理，不仅成功助力公司实现了发展目标，还有效地调动了各个方面的积极性，增强了公司的凝聚力。"

我感慨道："这很难做到呀！"他回应说："其实，说容易也容易，说难也难。"随后，他与我分享了很多自己在预算管理方面的心得体会。结合实务界人士的宝贵经验和我的长期观察与思考，我认为实现皆大欢喜的预算管理需关注以下几个关键要素。

第一，预算管理的主导权不应在财务管理部门，而应在更高的管理层级。

鉴于预算管理具有非常强的利益协调作用，其主导权显然不能交由财务管理部门。如果你是企业的董事长或者总裁，可能会说："哎呀，财务的事我不懂！"

可不要这样说！作为企业的董事长或者总裁，你应该掌握一定的财务管理知识。根据我的观察，一些企业的董事长不懂财务的事，一些企业的总裁不裁决财务的事。这样的董事长和总裁，因为不懂财务而逃避责任，进而将应由他们亲自调节的利益关系交由财务管理部门去自由裁量。这种做法极易造成企业预算管理出现大量漏洞。

实际上，作为公司的董事长或者总裁，在协调与预算管理有关的利益关系时，你只需要搞清楚以下几点就可以了（以一年的预算为例）：

• 企业未来一年的业务主战场在哪里？实现企业未来业务目标的主要业务部门有哪些？主要的营销手段是什么？

• 需要什么样的资源去支持这些部门的业务发展？未来一年业务主战场的竞争环境如何？突破口在哪里？

• 企业在研发方面的投入将如何助力业务的新增长？需要重点投入哪些研发领域？

• 企业中的哪些人需要重点激励？激励的力度如何把握？激励资金从哪里来？

• 企业未来一年的资金需求缺口有多大？财务管理部门需要筹集多少资金？

第二，财务管理部门是预算管理的执行机构。

必须明确的是，企业的财务管理部门是预算管理的执行机构，而非决策机构。

有些企业的财务管理部门认为自己是决策机构，自行其是；企业的其他部门也以为预算事宜全由财务管理部门说了算。这种观念是错误的。当然，在执行预算的过程中，财务管理部门可能会基于自身的专业判断和职责范围，有一定的倾向性。

如果你是一家企业财务管理部门的负责人，千万不要以为在预算管理中自己说了算。因为预算管理涉及企业内部的诸多利益分配与协调问题，而有些利益是无法单方面协调的。

比如，虽然我们可以在报表中看到子公司从母公司获取的资金数额，但这并不能完全反映子公司实际从母公司获得的资金支持。在实际操作中，财务管理部门有相当大的自主权将有限的资金用于支持某个特定的子公司。

总结

母公司报表是反映一家特定公司财务状况的报表，之所以称为"母公司"，是因为该公司有对子公司的投资；而合并报表则是包含了母公司及其所有子公司财务信息的报表。

母公司报表展现的类似于一个由父母及与父母一同居住的未成年子女所组成的家庭的财务状况；合并报表展现的类似于包括父母、未成年子女和其他已经成家独立生活的子女在内的大家庭的财务状况；子公司类似于已经成家独立生活的子女。

案例分析　恒瑞医药其他应收款分析

我们来看一个例子，表 8-1 展现的是恒瑞医药 2023 年年报中的相关数据。

表 8-1　恒瑞医药 2023 年年报中的相关数据　　单位：元

项目	2023-12-31	2023-12-31	2022-12-31	2022-12-31
	合并报表	母公司报表	合并报表	母公司报表
其他应收款	438 253 339.88	3 576 990 571.22	562 175 450.79	3 838 885 049.50

从恒瑞医药的报表数据中，我们可以清晰地看到：截至 2023 年 12 月 31 日，母公司的其他应收款是 35.77 亿元，说明有外部实体欠母公司这笔款项；但在合并报表中，其他应收款只有 4.38 亿元。

那么，问题来了：这 35.77 亿元与 4.38 亿元的差额——31.39 亿元是谁欠母公司的呢？

你可能已经分析出来了：这个差额是子公司欠的。也就是说，母公司向子公司至少提供了 31.39 亿元的资金支持。

这里使用"至少"一词，是因为我们现在看到的是汇总的报表数据，不是详细的账簿数据。要获取母公司向子公司提供资金的具体数据，还需进一步查阅账簿信息。

另一个问题随之而来：虽然报表显示子公司从母公司获得了至少 31.39 亿元的资金支持，但我们并不知道是哪个子公司，它又获得了多少支持。

在实践中，向哪方提供资金支持，既与预算有关，也可能与财务管理部门的负责人与子公司的亲疏关系有关。

第三，预算任务分层管理。

在预算管理过程中，一种比较合理的预算安排是将预算分解为基础预算和激励预算，用公式表示为：

$$预算目标＝基础预算＋激励预算$$

具体来说，对于企业内的所有部门或者机构，首先设定一个正常工作情况下基本可以完成的、标准较低的基础预算。这样，可以让大多数部门、机构和员工在压力不大的条件下完成一个基本的预算目标。

当然，仅仅完成这样的基础预算可能无法获得很多的激励和奖金，但它可以让大多数员工有成就感。

激励预算是需要企业部分（不是全部）部门、机构和员工通过额外努力来实现的。一旦相关部门、机构和员工完成了激励预算，就可以得到具有激励效果的物质奖励和精神鼓励。其中，奖金是必不可少的。

这样安排预算，既能让多数人有面子，又能让少数人得实惠。

第四，预算完成的激励权限适当下放。

在对企业员工的激励方面，对于众多的中小企业来说，激励权限可以集中在企业的管理层。这样做的好处是可以统一协调企业内部各方面的利益关系。

对于体量较大、管理层级较多的企业而言，就要考虑激励权限的适当下放了。

某一年的 10 月份，我在给长江商学院 EMBA 学员授课时，一家企业集团的董事长向我咨询了公司的预算管理方式问题。

他告诉我，企业对子公司的费用预算管理采用了调动子公司积极性的管理办法，子公司的负责人自认为上报的预算执行情况良好，但作为董事长的他认为效果并不理想。

然后，他详细介绍了自己对子公司预算的管理：在资金管理上，禁止子公司对外融资，如果缺钱，就向母公司借，母公司对子公司的借款收取一定的利息，利息水平并不高，基本上相当于企业的外部融资成本；在费用管理上，原则上母公司不设定具体的管理或控制目标，而是对子公司的净利润规模有控制要求。

换句话说，对子公司考核的是预算净利润的任务完成情况，而费用不作为考核目标。结果，多数子公司都能够实现预算下达的净利润目标。当然，在核定预算净利润的时候，母公司会与子公司的管理层进行充分的沟通。

我说："这不是挺好的吗？多数子公司的业绩目标都能够完成，大家应该都挺高兴啊，你怎么还愁眉苦脸的呢？"

他说："我发现了两个问题：一是子公司在资金使用上普遍较为随意，缺钱时就向母公司要，这给母公司带来了不小的筹资压力；二是虽然多数子公司能够完成经营业绩的预算目标，但与营业收入相比，子公司的销售费用率、管理费用率偏高，尤其是人工成本过高。"

我对他在放权的同时注意调动子公司管理层积极性的做法表示了肯定，并告诉他："你看到的这些问题非常准确，这些问题必须得到解决。"那么，怎么解决的呢？

鉴于当时是 10 月份，正面临下一年度的预算编制，我给他提出了以下几条建议：

• 加大子公司借款的成本，将子公司的资金成本设定得略微高于外部融资成本，以抑制子公司的过度资金需求。

• 鉴于母公司目前还未对子公司的闲置货币资金进行统筹管理，迅速建立整个集团的闲置货币资金管理体系，以最大限度地降低整个集团的融资规模。

• 强化对子公司的考核，由原来单一的净利润考核转变为多维度考核。具体包括：考核企业的销售费用额和销售费用率；考核企业的管理费用额和管理费用率；研究子公司人工成本与子公司营业收入、营业利润或净利润的联动机制；考核子公司的核心利润获现率，将子公司业务的造血能力纳入预算考核体系。

半年后，这位董事长联系我，说按照我的建议改进了预算管理。刚开始，子公司确实存在一定的抵触情绪，但他坚持推行改革。现在看来，实施效果不错，最大的变化是整个集团的融资规模得到了有效控制。

这位董事长的经历说明，仅仅在预算过程中强调权限的适当下放，虽然可能调动起企业中层管理者的积极性，但如果不对预算管理和企业整体绩效进行系统化的制度设计，也可能达不到企业整体发展的要求。

讲到这里，这一节就告一段落了。本节我们讨论了预算管理问题，特别讨论了预算管理的利益调节属性。

我们还讨论了让各方皆大欢喜的预算管理的四个特征：

第一，预算管理的实质是利益的协调，因而其主导权不应在财务管理部门，而应在更高的管理层级。高质量的预算管理

会带来高质量的财务绩效。

第二，作为处于中枢地位的综合管理部门，财务管理部门是预算管理的执行机构，起着平衡各方资源与利益、维护公司整体利益的作用。

第三，预算任务分层管理可以有效挖掘企业各方面的发展潜力。

第四，预算管理的激励权限可以适当下放，以调动起不同层级管理者的积极性。

总结

一是学习本节内容的独特收获：通过本节的学习，可以对预算管理的实质有更为清晰的认识：预算管理不再是数字间的平衡与游戏，而是关于企业各方面利益关系的调节。高质量的预算，其核心价值并不是编制方法科学，而是能对企业发展和财务绩效产生积极且持续的贡献。

二是本节对大家职业生涯的可能贡献：通过领悟本节的内容，你或许能够迅速从关注在大学里所掌握的预算编制方法，转向关注预算管理与企业各类管理活动、经营活动以及财务报表之间的因果关系。财务报表是企业财务绩效的反映，也是预算执行的结果；而当前的财务报表信息又构成了未来预算管理的基础。

9. 成本管理丨花钱容易赚钱难，如何有效降低公司成本

本节我们主要讨论如何降低企业的成本。首先，思考一个现实的问题：企业最短缺的资源是什么？是人力资源、技术，还是资金？

在我看来，对于大多数企业而言，最短缺的资源是钱，或者称为资金。虽然企业也可能缺乏人力资源和技术，但这些一般可以通过资金投入来获得。有钱可以解决企业的很多问题，能用钱解决的自然也就不是大问题了，对吧？

这时，你可能又会问：企业的钱都去哪里了呢？

我告诉你：从会计的角度来看，它要么形成了资产的成本，要么转化为利润表中的各项费用。

因此，降低成本和费用，实质上就是降低各种资源消耗，从而节约企业的宝贵资源——钱。

这一节我将与大家一起讨论以下几个问题：第一，成本与费用的区别；第二，影响成本或费用规模的主要因素；第三，有效降低企业成本或费用的途径。

一、成本与费用的区别

我们在之前学习利润表时，接触到了几类概念，比如成本，

包括营业成本等；费用，包括销售费用、管理费用、研发费用、利息费用、所得税费用等；损失，包括资产减值损失等；支出，包括营业外支出等。

实际上，这些概念的基本含义虽有差别，但实质是一样的：它们都是利润表中导致企业净利润减少的因素或者项目。你可以简单地理解为，利润表中所有使利润减少的项目或因素都称为费用。

（一）费用

会计上广义的费用概念是针对利润表而言的。一般我们将引起企业净利润减少的因素或者项目称为费用。因此，利润表上的成本、费用、损失、支出、税金及附加都是费用，都是使企业净利润减少的因素。

在此基础上，我们可以总结出费用的一个重要特征，就是具有鲜明的时期特性。这与利润表的时期特性紧密相连。

因此，在日常的管理活动中，我们经常可以听到这样的对话：这个月的费用是多少？今年的费用又是多少？

（二）成本

费用反映企业一定时期内的资源消耗，具有时期特性。而成本则往往与特定的目的相关。关于成本，我们经常会询问的是：这次采购的电脑成本是多少？这个建设项目的成本预算在什么范围之内？

一般来说，成本是为了实现特定目的所消耗的累计资源。

如果目的是购建固定资产和无形资产，那么这些消耗就形成了企业固定资产和无形资产的成本；如果目的是购买或者生产某些存货，那么这些消耗就形成了存货的成本。

这些目的最终都导致了企业的固定资产、无形资产或存货的形成，并体现在资产负债表上。

然而，当企业消耗资源的目的是实现销售收入时，则与这些销售收入有关的资源消耗就是费用了。

比如，企业将成本为 1 000 元的产品以 1 500 元的价格售出。企业在确认利润表上 1 500 元营业收入的同时，还要确认与这 1 500 元营业收入对应的成本 1 000 元。这时，这部分资源消耗就形成了利润表上的营业成本；如果企业还支付了 10 000 元的广告费，那么这笔广告费作为实现销售收入而发生的资源消耗，也将被计入利润表的销售费用中，从而冲减利润。

敲黑板：费用是企业在一定时期内为实现营业收入和利润而发生的资源消耗；成本是为了实现特定目的而发生的资源消耗。

二、影响成本或费用规模的主要因素

一提到影响企业成本或费用规模的因素，我们往往会首先想到财会部门，认为其对此最为了解。然而，实际情况却并非如此。

为什么这么说呢？我有一位担任财务总监的学生，有一天他向我提出了一个问题。他说："张老师，我正在筹备公司的年度经营会议，领导让我写一份关于公司一年以来成本和费用水平的分析报告。您能告诉我，影响我们公司的成本和费用水平高低的因素有哪些吗？"

我当时觉得特别奇怪，就问他："你们公司的成本或费用情况怎么能问我呢？你自己不是最清楚吗？"

那位学生说："张老师，我是确实不知道才来请教您的。"我又追问："为什么会不清楚呢？这些不是在日常工作过程中就能了解到的吗？"他回答我，财会部门根本没参与成本或费用的决策过程。

如果一家公司的财会部门都不清楚成本或费用高或低的原因，还有谁清楚呢？根据我的研究，财会部门只负责核算成本或者费用，并不能从根本上决定成本或费用水平的高低。

那么，哪些因素决定了企业成本或者费用水平的高低呢？如果你对此还不清楚，不妨想想我们日常的生活，哪些是决定家庭支出的因素呢？假如在财力一定的情况下，你选择了不同的生活方式，那么你的成本或支出就会有所不同。

一种选择是，你可以选择在远离市区的地方住别墅，每天开车上下班。除了买别墅的钱，你还要担负与别墅相关的装修费、物业费、水电煤气费等必然产生的费用，以及每天开车上下班的过路费和汽油费等。在日常生活中，你比较讲究，吃的是有机食物，从瓶装水到家具用品，全都选择进口的。这样你就会产生比较高的支出。

另一种选择是，你可以选择距离上班地点稍远的普通住宅，每天乘坐公共交通或开车但不经过任何收费站上下班。对应的装修费、物业费等费用也会与住别墅不同，可以节省不少开支。在饮食方面，你没那么讲究，只要过得去就行，偶尔还会购买一些二手家具等。

虽然你的财力可能是一定的，两种选择都可以支付得起。但你选择的生活方式不同，家庭支出规模也就不同。

这种选择是什么呢？就是决策！你的决策导致了支出在规模和结构上的显著差异。家庭如此，企业亦如此。

从企业的角度来看，有四个层面的因素决定了企业成本或者费用水平的高低。

（一）治理因素

我在本书前面的相关内容中提到，导致辅仁药业财务数据经历了过山车式的变化并最终退市的根本原因是治理问题。正是治理上的漏洞，导致企业大量资金被关联方占用、违规为关联方担保以及出现了注册会计师质疑"商业实质"的所谓"业务"。

公司治理一般要解决公司章程规范、股东之间利益关系协调、董事会构成、董事会议事规则方面的问题，并通过董事会和股东会决定公司的重大筹资、投资、利润分配以及高管任命等事项。可见，公司治理质量对于企业发展至关重要。

当公司治理出现问题时，企业就容易陷入发展困境，其财务状况也会随之恶化。

公司治理可能出现重大变化的节点或者迹象很多，包括但不限于股权结构重大调整、董事会换届、股东之间出现冲突、独立董事对一些重要事项发表不同意见、核心高管频繁变更、注册会计师对企业内部控制或年度财务报告出具非标准审计意见等。

当公司治理出现重大问题时，财务表现也会多种多样，包括但不限于关联方资金占用、通过关联交易掏空上市公司或操纵财务业绩、战略失败、成本失控、效益下降、财务造假等。

因此，在关注企业成本或费用的同时，应特别关注企业的治理状况。

（二）决策因素

第二个因素就是决策。谁来决策？决策什么？

企业的大政方针，肯定是由董事会来制定的。一般来说，董事会的决策决定了企业的基本成本框架。决策涉及以下内容：

1. 技术装备水平

在这方面，董事会将做出购买何种技术水平的设备以及采用何种基础设施去从事经营活动与管理活动的决策。

在企业管理的实践中，并不是技术越先进就越适合购买。企业必须结合自身的战略定位、市场竞争地位以及资金约束等多种因素对设备的购置以及基础设施的配置做出决策。

一旦选定了特定技术装备水平的设备，与之有关的成本框架（如折旧费、日常维护费、投入产出效率等）也就确定了。

2. 人力资源政策

对企业员工采取的薪酬与激励政策，一般由企业的决策层决定。

恰当的人力资源政策，既能调动员工的工作积极性，也能较好地维护股东的利益，还能促进企业的持续发展。

但是，如果企业在市场能力一定的情况下人力成本过高，就会导致大量利润被用于支付员工的工资与奖金，进而可能引起股东的不满；如果企业效益良好且所需劳动强度大，就要考虑提高员工的薪酬待遇，否则企业将面临人才流失的风险。

3. 研发政策

在技术进步日新月异的时代，如果企业不重视研发，很可能会迅速失去市场竞争力。没有哪家企业声称自己不重视研发。是不是重视研发，不能简单地听企业负责人的口头承诺，而要看财务数据。

众所周知，华为公司在技术方面表现出色。但你是否注意到，华为在研发上的投入究竟有多大？我告诉大家：很早以前，华为就开始将每年营业收入的 10% 以上投入研发，有些年份的研发投入比例甚至更高。正是得益于这种长期的高研发投入策略，华为才有了今天的技术和市场竞争优势。

案例分析　恒瑞医药和复星医药的研发分析

恒瑞医药和复星医药 2023 年度合并利润表部分数据分别如表 9-1 和表 9-2 所示。

表 9 - 1　恒瑞医药 2023 年度合并利润表部分数据　单位：元

项目	2023 年度	2022 年度
营业收入	22 819 784 741.31	21 275 270 681.52
营业成本	3 525 247 786.91	3 486 638 890.09
毛利率（自行计算）	84.55%	83.61%
销售费用	7 577 175 913.92	7 347 893 145.32
管理费用	2 416 974 460.17	2 306 477 951.60
研发费用	4 953 887 105.16	4 886 552 651.32
研发费用率（自行计算）	21.71%	22.97%

注：研发费用率=研发费用/营业收入×100%，下同。

表 9 - 2　复星医药 2023 年度合并利润表部分数据　单位：元

项目	2023 年度	2022 年度
营业收入	41 399 539 588.42	43 951 546 895.23
营业成本	21 595 308 756.94	23 169 690 419.68
毛利率（自行计算）	47.84%	47.28%
销售费用	9 712 237 437.28	9 171 176 082.23
管理费用	4 374 907 225.80	3 828 102 918.85
研发费用	4 346 044 722.61	4 302 092 916.99
研发费用率（自行计算）	10.50%	9.79%

　　如果只看营业收入，可以发现复星医药的市场规模远大于恒瑞医药；但如果深入观察两家企业产品的盈利能力，就会发现恒瑞医药的毛利率水平远远高于复星医药。这是为什么呢？

　　你可能会说，两家企业都特别重视营销，因为它们的销售费用占营业收入的比例都比较高，且恒瑞医药高于复星医药。确实，较高的销售费用投入有可能对提升企业产品的毛利率产生贡献。

但仅仅依靠营销是不够的。我们不能忽视的是两家企业在研发方面的投入。

数据显示，恒瑞医药的研发费用率连续两年超过了 20%，而复星医药则一直在 10% 左右。在产品高度依赖研发支持的条件下，长期保持较高研发费用率的企业更容易在高研发投入的支持下研发并生产出高毛利率的产品。

因此，两家企业产品的毛利率出现重大差异，研发费用的投入状况不同应该是一个重要原因。

而研发费用的投入政策，是由企业决策层决定的。

（三）管理因素

前面提及，决定企业基本成本框架的因素是决策，但这并不意味着企业的管理就不会影响成本或费用的水平。这里所说的"管理"，是指企业总裁以下的各级管理层的管理质量对成本或费用的调控和影响。

我想从以下几个方面来探讨企业管理与成本和费用的关系。

1. 管人与成本和费用

管人是一门深奥的学问，不是有一个专业叫做"人力资源管理"吗？由于篇幅有限，我无法详尽阐述这一专业的全部内容。在此，我只想强调以下几点。

第一，员工的遴选机制与成本和费用。

很多单位在员工遴选方面的投入不足，误以为这方面的开支是多余的。然而，大量例子表明，很多企业都有这样的问题：

招进来的个别员工在性格上不符合本单位的需要，如偏执、难以合作等。这些问题其实可以在招聘过程中通过心理测试等来发现。另外，对于拟招聘员工的体检，有的企业不太重视，连体检造假也未能发现，导致录用了不符合条件的员工。当然，进行心理测试和体检是需要花费一定成本的。

举个例子，有一年，北京的一所著名大学从南方某大学引进了一位知名学者。这位学者与我很熟，他来到北京后，我们第一次见面时，我便问他对这所大学的印象。他称赞道："这个学校的人事管理做得非常好，极人性化。"我好奇地问："怎么人性化了？"他说："我调入前按照学校规定要进行体检，在体检的全过程中，学校人事处专门派工作人员陪同我完成各项检测并替我排队。这使得我的整个体检过程非常顺利。"

我听后深有同感，也认为这个学校做得非常好。过了一段时间，我与那所大学负责人事工作的校领导一同参加会议。我向他提及此事："你们对引进人才的服务非常好，派工作人员全程陪同，既提高了体检的效率，又展示了学校对引进教师的关怀，这一点非常值得其他学校学习。"

他却说："我们的关注点还真不在这里。"我问："在哪里呢？"他解释道："学校引进一位知名学者并不容易。我们希望引进一位身体健康的学者，而让工作人员全程陪同，就可以最大限度地保证体检的客观性。如果我们不派人全程陪同，就可能出现体检报告不客观的情况。"

这个真实的故事告诉我们：在员工入职前，在一些细节方面多投入一些精力和资源，对企业或组织的长期发展具有重要价值。

第二，员工的岗前培训与成本和费用。

想想看，一家企业在岗前培训中会开展哪些活动？有的企业会安排领导发表讲话，而且由于业务关系，可能会有多位领导发表重要讲话。这些讲话通常涉及本企业的基本情况、发展历史、经营理念，并对员工提出一些工作要求。

领导的讲话固然重要，但其内容一般不会涉及企业的业务流程、操作规范、员工基本行为举止等方面。然而，这些方面对企业未来的成本控制和费用管理具有重要意义。

在员工入职教育中，加强对业务流程、操作规范、员工基本行为举止等方面的培训，会在一定程度上提高员工未来的工作效率，有助于降低企业的成本和费用。

下面分享一件我亲身经历的事情。曾有一段时间，我负责学校的人力资源管理工作。一天，一位入职不久的教师来到我的办公室向我反映情况，说自己在授课的过程中，教室里的多媒体设施频繁出现故障，希望我能够帮助解决。虽然我当时并不负责教室设施的管理工作，也不负责学校的人才培养工作，但考虑到教师的实际困难和教学工作的顺利进行，我还是积极协调相关部门，并解决了他所反映的问题。

这件事引发了我的思考。这位老师的行为，其实反映了一个普遍存在的现象：新员工在初到一家新企业以后，遇到事情不知道找谁反映、找谁处理。你有这样的经历吗？

这并非某个员工的问题，而是我们的入职教育工作存在不足。很多时候，入职教育场面热热闹闹，台上的人滔滔不绝，台下的人心不在焉。究其原因，我发现很多企业的入职培训组织者对员工的入职教育缺乏认真的研究和精心的规划。他们往往只关注领导出席的时间安排，不关注教育内容的系统和协调；只关注入职教育的时间是否填满，不关注入职员工的内在需求。

这样必然导致大量无效的教育内容：思想性的教育内容很粗糙，直观性的教育内容很精细；有价值的教育内容不专业，无价值的教育内容很专业。这样的入职教育可能会把新员工对企业的好感迅速消耗掉。

千万不要低估入职教育的质量对新员工未来工作质量的影响。

第三，员工的激励机制与成本和费用。

员工的激励包括物质激励和精神激励两个方面。在现阶段，物质激励可能是最有效的。然而，有些企业对员工薪酬的增长持消极态度，认为员工薪酬提升会降低企业的财务绩效。实际上，这种观念是短视的。如果员工缺乏工作热情，消极怠工，那么对企业的潜在伤害会更大，由此导致的成本和费用也会更高。

我们看一下格力电器的员工制度设计。有一年，格力电器董事长董明珠宣布：格力电器所有员工每人每月涨薪 1 000 元！这意味着，自那时起，格力电器的每位员工每年将额外获得 12 000 元的收入。

想一想，这个政策会对员工产生怎样的心理影响呢？众所周知，个人所得税税率根据个人应纳税所得额的不同，在 5%～45% 之间浮动。也就是说，应纳税所得额较低的员工，可能不需要缴税或者按照较低的税率缴税；而收入较高的员工，则按照较高的税率缴税，最高可达 45％。

假设你是一名低收入者，按照 5％的税率缴纳个人所得税，那么月薪增加 1 000 元后，每月的税后所得将增加 950 元；如果你是一名按照 45％的税率缴税的高管，月薪增加 1 000 元后，每月税后所得只增加 550 元！

由此可见，这个政策实际上对收入较低的员工而言获益更大。企业通过这个政策想调动哪些员工的工作积极性就不言而喻了吧！

2. 管事与成本和费用

企业里面的"事"繁多而复杂。这里的"事"特指可能影响成本或费用规模的事务，包括各种基建项目的管理、企业采购活动的管理、生产过程的管理、研发活动的管理、销售活动的管理等。

以制造业企业为例。在一家生产企业中，原材料仓库、生产车间、产成品仓库、运输线路的规划与设计尤为重要，各种设施之间的连接也需要精心优化。如果工厂的设计与布局不是最优的，就可能导致企业的成本或费用长期居高不下。

我曾参观了一家小型制造企业。董事长向我介绍，公司引进的是成套国外先进生产线，生产效率相当高。在我参观期间，正值企业开足马力生产之际。我发现，从产成品出口到装车运出厂区的过渡区域，出现了产成品堆积的情况：一方面，产成品聚集在这个"过渡区域"迟迟未能装车；另一方面，货车驶离企业的道路非常狭窄，仅容一辆车通行。

我问董事长："是不是厂区的布局不太合理，影响了效率？"他说："确实是这样的。当初建厂的时候，我们是按照国产设备的规格来设计的。后来引进了国外生产线，虽然效率提高了，但是厂区布局已无法再更改了，因此出现了产成品不能迅速运出厂区的情况。"产成品积压无疑会增加企业的成本和费用。

由此可见，工厂布局问题会直接影响企业的成本和费用。因此，企业管"事"的能力将直接影响企业的成本和费用水平。

3. 管理者特质与成本和费用

这里所说的管理者特质，包括很多方面。比如，理工科出身的管理者与文科出身的管理者，在思维方式上可能有很大的差异；管理者因性别、年龄不同可能在管理行为方面有很大差异；不同教育背景的管理者在思维方式、管理方式上的差异可能很大；管理者的阅历以及所从事的具体业务也会对管理者的行为产生很大影响；管理者的偏好、爱好等也会导致管理者行为上的差异；等等。

比如，年龄较大的管理者往往更加稳重，不愿意去尝试一些风险较大、不确定性较高的项目；年龄较小的管理者往往充满活力，倾向于投入资金进行各种尝试；熟悉技术的管理者可能对技术驱动带给企业的价值提升抱有较高期望，愿意在研发方面加大投入；对企业文化建设有心得的管理者往往更加注重企业的文化建设，并愿意增加相应的投入；领导力强的管理者所主导的会议往往效率较高，能够迅速做出决策；而领导力弱的管理者所主导的会议往往是议而不决，导致大量时间浪费在会议上，同时还会导致会议开支的增长；等等。

因此，在考察企业的成本和费用水平、分析成本和费用水平变化的原因时，管理者特质是一个值得关注的重要因素。

（四）核算因素

第四个影响企业成本或者费用水平高低的因素是核算。**我要强调的是：企业的成本和费用水平，既是决策出来的，也是管理出来的，还是核算出来的。**

如果看一下利润表中的各个成本和费用项目，就会发现，很多内容可能不是"唯一正确"的，而是需要根据会计原则进行灵活处理的。以下几点尤为重要。

1. 关于固定资产折旧额与无形资产摊销额的计算

企业固定资产折旧最终会转化为营业成本、销售费用、管理费用、研发费用等项目的组成部分。然而，固定资产的折旧年限并非随意确定，企业需要在规定的范围内选择一个合理的折旧年限。折旧年限越长，相同固定资产的折旧额就越少，成本和费用也就会越少。

下面看一个变更折旧计算方法的企业公告。在此之前，需要明确的是，在会计上，折旧方法的选择等称为会计政策。因此，折旧方法的变更自然就可以称为会计政策变更。而折旧年限的变化，一般视为会计估计变更。

浙江真爱美家股份有限公司（简称真爱美家）于 2024 年 4 月 10 日发布了《关于会计估计变更的公告》，宣布其固定资产折旧年限将进行调整。

固定资产会计估计变更具体情况如表 9－3 所示。

表9-3　固定资产会计估计变更具体情况

资产类别	折旧/摊销方法	变更前折旧/摊销年限	变更后折旧/摊销年限
固定资产——房屋及建筑物	年限平均法	20年	20～35年
固定资产——机器设备	年限平均法	5～10年	5～14年

公告还指出：经公司财务部门初步测算，本次会计估计变更后，预计公司2023年的固定资产折旧费用将减少约285万元，归属于母公司所有者的净利润将增加约285万元。

由此可见，在其他条件保持不变的情况下，通过调整会计估计，企业的利润立即得到了提升。

2. 企业生产的存货转化为营业成本的计算

企业生产的存货在出售之前，属于资产，要计入资产负债表。但在存货被出售以后，其成本就会转化为利润表中的"营业成本"。

下面我们来看中国证监会发布的一份行政处罚决定书，以进一步理解存货与营业成本之间的关系。

2019年12月12日，中国证监会发布了〔2019〕147号中国证监会行政处罚决定书。处罚书的部分内容为：

第一，抚顺特钢2010年至2016年年度报告和2017年第三季度报告中披露的主营业务成本存在虚假记载。

2010年至2016年度、2017年1月至9月，抚顺特钢通过伪造、变造记账凭证及原始凭证，修改物供系统、成本核算系统、财务系统数据等方式调整存货中"返回钢"数量、金额，将应计入当期成本的原材料计入存货，导致涉案期间少结转主营业务成本 1 989 340 046.30 元，其中 2010 年少计 71 002 264.30 元，2011 年少计 487 921 246.00 元，2012 年少计 559 851 922.00 元，2013 年少计 184 446 258.00 元，2014 年少计 185 060 636.00 元，2015 年少计 163 090 290.00 元，2016 年少计 186 675 886.00 元，2017 年 1 月至 9 月少计 151 291 544.00 元。

第二，抚顺特钢 2010 年至 2016 年年度报告和 2017 年第三季度报告中披露的利润总额存在虚假记载。

2010 年至 2016 年度、2017 年 1 月至 9 月，抚顺特钢通过虚增存货、减少生产成本、将部分虚增存货转入在建工程和固定资产进行资本化等方式，累计虚增利润总额 1 901 945 340.86 元。其中：

2010 年虚增利润总额 71 002 264.30 元，抚顺特钢在 2010 年年度报告中将亏损披露为盈利；

2011 年虚增利润总额 487 921 246.00 元，抚顺特钢在 2011 年年度报告中将亏损披露为盈利；

2012 年虚增利润总额 559 851 922.00 元，抚顺特钢在 2012 年年度报告中将亏损披露为盈利；

2013 年虚增利润总额 184 446 258.00 元，抚顺特钢在 2013 年年度报告中将亏损披露为盈利；

2014 年虚增利润总额 170 679 305.58 元，抚顺特钢在 2014 年年度报告中将亏损披露为盈利；

2015 年虚增利润总额 144 915 856.06 元，虚增利润总额占公开披露的当期利润总额的 67.94%；

2016 年虚增利润总额 155 339 348.24 元，抚顺特钢在 2016 年年度报告（追溯调整前）中将亏损披露为盈利；

2017 年 1 月至 9 月虚增利润总额 127 789 140.68 元，虚增利润总额占公开披露的 2017 年 1 月至 9 月利润总额的 158.50%。

这是一个典型的财务造假案例，是不是触目惊心？明明企业处于亏损状态，经过一番会计处理，怎么就变成盈利了？

听我给你细细道来。在制造业中，企业资产负债表中的存货属于资产，其数据代表的是那些尚未出售的产品的累计生产成本和原材料、在产品的成本；利润表中的营业成本，则是指已出售的产品的生产成本。

大家想想看：在存货与营业成本总额一定的情况下，如果通过会计的人为处理，将存货数额调高，即虚增存货资产，就必然导致计入利润表中的"营业成本"数据降低，从而达到虚增利润的目的。

这说明，在那个时期，抚顺特钢利用存货来调节营业成本和毛利，确实虚增了大量利润。在关键时刻，这种方法能够帮助企业实现扭亏为盈的"奇迹"。

3. 各种资产减值损失的确认

利润表中有一个名为"资产减值损失"的项目，它用于对已经出现减值迹象的资产进行账务处理。但是，究竟哪些资产发生了减值，减值了多少，在很多情况下是主观判断的。虽然这一判断过程带有一定的专业性，需要依据相关会计准则和财务规定进行，但谁也无法准确地说出某个特定资产到底减值了多少。如果资产减值计提过多，就会增加利润表中的费用。

案例分析　亿帆医药资产减值损失分析

亿帆医药股份有限公司（简称亿帆医药）2023 年度合并利润表部分数据如表 9-4 所示。

表 9-4　亿帆医药 2023 年度合并利润表部分数据　单位：元

项目	2023 年度	2022 年度
营业收入	4 068 107 333.94	3 836 640 799.74
减：营业成本	2 121 932 748.61	1 970 701 402.35
税金及附加	45 949 999.29	31 644 840.89
销售费用	1 119 147 520.07	1 040 992 025.58
管理费用	383 691 613.80	394 486 844.97
研发费用	312 383 570.82	190 196 603.64
财务费用	58 828 261.92	22 237 412.66
其中：利息费用	75 552 151.11	85 846 086.07
利息收入	13 129 460.86	21 386 525.16
加：其他收益	55 391 348.60	120 275 620.80
投资收益	−15 069 239.18	−18 135 463.60
公允价值变动收益	10 256.50	502 230.73
信用减值损失	−64 424 928.05	−33 116 930.05
资产减值损失	−887 364 040.01	−111 542 631.15
其中：存货跌价损失及合同履约成本减值损失	−17 178 480.77	−12 737 191.40
固定资产减值损失	−2 409 114.70	−12 098 596.27
无形资产减值损失	−847 932 500.65	−11 995 982.52
其他	−19 843 943.89	−74 710 860.96
资产处置收益	2 570 803.44	−556 624.73
三、营业利润	−882 712 179.27	143 807 871.65

从连续两年的数据情况来看，2023 年企业的营业收入有所

增长，各项费用的变动也相对平稳，但营业利润却出现了巨额
亏损。

仔细观察就会发现，企业营业利润中竟然包含了一项高达
8.87 亿元的"资产减值损失"！相比之下，过去 11 年间的资产
减值损失累计也才 1 亿多元。很显然，如果没有这项巨额的资
产减值损失，企业的营业利润绝不会如此不堪。

有意思的是，企业 2023 年的减值损失主要来自无形资产。
到底是什么性质的无形资产能将企业的营业利润由盈利变为亏
损？建议感兴趣的读者去深入了解一下企业的无形资产情况。

因此，要对企业的资产减值损失与营业利润之间的关系保
持高度关注。

三、有效降低企业成本或费用的途径

最后，我再简要讲述一下有效降低企业成本或费用的途径。
我们已经知道，企业的成本和费用是由三个因素决定的：决策、
管理与核算。其中，核算并不能直接降低成本或费用，它只会
影响不同年度成本或者费用的分布。

因此，降低成本或费用的有效途径就很清楚了，主要有
两点：

一是企业在决策过程中应尽量做到科学化、规范化，尽量
避免因决策不当导致成本或费用规模过大。一方面，要提高公
司治理水平，加强决策过程的管理；另一方面，要提高企业的
战略管理水平，在竞争环境中明确自身的定位。

二是企业应选拔合适的人才，并将其安置在恰当的管理岗位上，以进行有效的管理。我们常说"向管理要效益"，而管理出效益的核心必然是通过对资源的系统整合来创造价值，这就要求企业的管理者有较强的系统化资源整合能力。

当然，说起来容易，做起来很难。

讲到这里，这节就告一段落了。在本节中，我与大家探讨了成本和费用的概念，并重点分析了影响企业成本或费用水平的主要因素。

总结

一是学习本节内容的独特收获：通过本节的学习，可以对企业成本或费用产生的机制有立体化的认识：成本或费用水平的高低是由决策、管理与核算三个因素共同决定的。

二是本节对大家职业生涯的可能贡献：领悟本节的内容后，你将形成关于成本或费用的非财会意识。有了这种非财会意识，你将能够对影响一家企业成本或费用水平的因素做立体化分析，从非财会视角去探究影响企业成本或费用水平的因素，并找到降低企业成本或费用水平的有效途径。

销售费用丨打了广告也不赚钱？花对钱业绩蹭蹭上涨

本节我们讨论一下企业的销售费用问题，主要围绕两个方面展开：第一，企业销售费用与企业产品市场的关系；第二，如何看待企业销售费用水平的高低。

一、企业销售费用与企业产品市场的关系

首先，我想问大家一个问题：企业的产品是如何被消费者知晓的呢？

你可能会想到：

• 当你浏览网站时，看到的当红明星代言产品的宣传页面；

• 当你逛商场时，食品摊位开展的免费品尝活动；

• 当你走在地铁站时，目之所及的各种广告牌；

• 当你滑动手机屏幕时，映入眼帘的各种开屏广告、内嵌式广告等。

实际上，这些都属于企业的营销活动，目的就是要让消费者了解企业有何种产品以及产品的品质和效用如何，从而激发消费者的购买欲望，引发更多的消费行为。

企业在营销过程中发生的费用，统称为销售费用，计入利

润表。

人们普遍认同：在当今世界，开展各类营销活动、投入包括广告费在内的各种销售费用，是让消费者认知企业产品、提升企业市场竞争地位的重要手段。

对于大多数竞争性产品而言，如果企业不发生任何销售费用，消费者很可能对企业的产品一无所知，更不可能产生购买行为。也就是说，发生销售费用对于很多企业而言，是打开市场的必要手段。

二、如何看待企业销售费用水平的高低

现在问题来了：有的企业广告费等销售费用支出很多，但财务业绩并不显著，甚至有的企业由于广告费等支出太多而最终出现亏损；相反，有的企业广告费等销售费用支出不多，但财务业绩非常好。

我们如何看待企业销售费用水平的高低呢？我认为，应从以下两个方面审视企业的营销效益。

（一）企业销售费用额的变化

比较企业年度间的销售费用规模，可以清晰地感受到企业在营销活动上投入的力度。但是，从企业的角度来看，企业在营销活动上的投入是为了扩大市场份额并最终实现预期利润。

因此，理想的销售费用增长模式是：**销售费用的一定增长可以带动营业收入的更快增长**。也就是说，从企业盈利的角度

来看，销售费用的增长额应以营业收入的增长额为上限。如果企业的销售费用增长规模超过了营业收入的增长规模，则意味着部分销售费用未产生预期的市场效应。

（二）企业销售费用率的变化

销售费用率指的是企业销售费用与营业收入之间的比率，它反映了企业销售费用的有效性。**一般来说，市场竞争力较强的企业，销售费用率会较低；市场竞争力较弱的企业，销售费用率较高。**

案例分析 贵州茅台和五粮液销售费用分析

贵州茅台酒股份有限公司（简称贵州茅台）和宜宾五粮液股份有限公司（简称五粮液）2023 年度合并利润表中的有关数据分别如表 10-1 和表 10-2 所示。

表 10-1 贵州茅台 2023 年度合并利润表中的有关数据 单位：元

项目	2023 年度	2022 年度
营业收入	147 693 604 994.14	124 099 843 771.99
营业成本	11 867 273 851.78	10 093 468 616.63
毛利率（自行计算）	91.96%	91.87%
销售费用	4 648 613 585.82	3 297 724 190.94
销售费用率（自行计算）	3.15%	2.66%

注：销售费用率＝销售费用/营业收入×100%，下同。

从贵州茅台两年的数据来看，尽管 2023 年销售费用和销售费用率均有所上升，但销售费用率仍保持在较低的水平。同时，毛利率也维持在高位。值得注意的是，随着 2023 年销售费用率的提高，企业的毛利率也略有提高，这在一定程度上说明了企业营销活动强化后的积极效果。

表 10 - 2　五粮液 2023 年度合并利润表中的有关数据　单位：元

项目	2023 年度	2022 年度
营业收入	83 272 067 317.19	73 968 640 704.54
营业成本	20 157 143 952.21	18 178 425 659.64
毛利率（自行计算）	75.79%	75.42%
销售费用	7 796 298 418.13	6 844 237 013.17
销售费用率（自行计算）	9.36%	9.25%

从五粮液两年的数据来看，销售费用和销售费用率均呈现上升的趋势。同时，随着企业营业收入的增长，毛利率也有所提高。与贵州茅台一样，这同样表明了企业的营销活动产生了积极影响。

虽然与贵州茅台相比，五粮液的毛利率较低、销售费用率较高，但从整个白酒行业来看，五粮液的数据还是相当让人"羡慕嫉妒恨"的。可以说，贵州茅台和五粮液在营销和企业竞争力方面，为白酒行业树立了标杆。

下面，再比较一下贵州茅台和五粮液销售费用的结构，探讨如何提高销售费用的有效性。

我们先看看贵州茅台 2023 年和 2022 年销售费用的规模和结构情况（见表 10 - 3）。

表 10 - 3 贵州茅台销售费用的规模和结构情况　　单位：元

项目	2023 年	2022 年
广告宣传及市场拓展费用	3 640 663 233.92	2 887 804 740.39
运输费用及运输保险费用	17 040 929.95	14 658 723.67
营销差旅费、办公费	86 810 053.15	69 828 805.38
其他	904 099 368.80	325 431 921.50
合计	4 648 613 585.82	3 297 724 190.94

我们再看看五粮液 2023 年和 2022 年销售费用的规模和结构情况（见表 10 - 4）。

表 10 - 4 五粮液销售费用的规模和结构情况　　单位：元

项目	2023 年	2022 年
形象宣传费	1 433 975 889.27	1 240 440 205.34
促销费	4 540 282 674.32	3 889 326 216.67
仓储费及物流费	546 674 750.94	476 754 635.74
人工费用	735 243 412.93	718 179 395.38
其他费用	540 121 690.67	519 536 560.04
合计	7 796 298 418.13	6 844 237 013.17

通过对比两家公司的数据可以发现，尽管销售费用描述不尽相同，但其均主要由三大项目构成：一是直接与市场开拓有关的费用；二是与销售有关的运输费用；三是销售部门人员的差旅费等。

虽然销售费用主要由这三个方面组成，但实际上主要支出还是集中在市场开拓上，如广告费、形象宣传费、促销费、人工费用等。

　　显然，两家公司销售费用规模的差异主要体现在直接与市场开拓有关的费用方面。在这方面，贵州茅台的费用规模明显小于五粮液。这种费用控制的差异，一方面与企业选择的营销媒介与平台有关，另一方面也与企业产品的市场美誉度和市场竞争力有关。

　　因此，降低企业销售费用或者提高销售费用的有效性，既要关注营销工作的质量，也要重视企业产品的市场竞争力。

　　在结束本节前，我想与大家分享一个格力电器早期的营销案例。

　　2004 年，我国家电行业传出了一个重磅消息：国美拒售格力。一时间，格力电器的空调产品纷纷从国美门店下架。这就是有名的"国美拒售格力"事件。

　　那时，我恰巧在格力电器担任独立董事。有一天，我与总裁董明珠进行了深入的交流，谈到了格力电器产品撤出国美的原因以及此举对格力电器的影响。

　　董明珠问我："如果你在国美发现格力空调正在降价销售，从正常售价 2 000 元降到 1 200 元，你认为这是谁在搞促销？"

　　我说："肯定是格力电器呀！"

　　她回应道："按常理确定应该是这样。但国美单方面进行降价促销，不仅没有提前通知我们，还要让我们为降价买单，承担降价所造成的损失。"

　　她继续说："在商家与厂家的关系上，商家往往处于强势地位，导致许多厂家敢怒不敢言。但格力不同，我们不会轻易妥协。因此，从国美下架是格力做出的必然选择。"

我问她："从国美下架后，格力的销售会受到很大的影响吗？"

董明珠说："有影响。从全年来看，可能会波及几个百分点的销售额。但格力有自己的销售网络，通过其他方面的努力，最终不会有实质性影响。"

后来，格力电器产品有了重新进入国美的机会，但当时格力电器并没有急于重返国美。

我又问董明珠："格力应该尽快进入国美啊，这样可以在销售上取得更大的突破。"

董明珠说："不急。我一天不进去，格力与国美的话题就会持续存在。对这个话题的讨论和对营销模式的探讨，对于格力而言，就是最好的广告支持！"

从这个故事中，我们可以得到以下启示：第一，企业的营销渠道不应该是单一的，而应该是多途径、全方位的；第二，营销活动不能仅限于宣传自己的产品，还可以宣传企业的发展理念、巧妙利用危机等，以取得良好的营销效果。

讲到这里，这节就告一段落了。在本节中，我与大家探讨了对企业的销售费用进行分析的方法，包括从销售费用的规模变化、销售费用率的变化等方面展开分析，并探讨了从结构入手提高销售费用有效性的途径。

总结

一是学习本节内容的独特收获：通过本节的学习，对企业销售费用的认识已经从对销售费用数据的关注扩展到企业发展的其他领域，如企业核心竞争力的建立、企业产品内在质量的提升，以及企业核心人物的营销策略等。

二是本节对大家职业生涯的可能贡献：领悟本节的内容后，你将树立起较为系统的营销观念，理解企业的核心竞争力、发展战略、营销效益之间的联系：在企业的兴衰成败中，营销的作用举足轻重。然而，企业发展的根本仍在于其内在的品质。

财务掌权：重大决策难拍板？
财务数据做支撑

11. 资金来源 | 股权融资还是贷款？靠财务数据掌握主动权

本节我们讨论一下大家最关心的，也是公司最重要的问题——钱的来源。在前面的内容中，我们认识了现金流量表。在本节，我们将进一步探讨向股东要钱和向金融机构借钱对企业发展有哪些根本性差异。具体来说，就是讨论这样两个问题：股权融资对企业有哪些影响？贷款对企业有哪些影响？

我先讲述一件我亲身经历的事情。几年前，一个朋友找到我，这个朋友是一家小型企业的老板。他向我提出了这样一个问题："我的股东权益是 5 000 万元，现在有一个朋友想入资 2 000 万元，如果我给他 2/7 的股份，我是不是亏了？"

想想看，如果是你，该怎样回答这个问题？

我告诉他："不一定。这要看公司的具体情况。如果你的公司起初股东权益不足 5 000 万元，后来由于公司利润不断增长，达到了 5 000 万元，那么在这个朋友入资前，公司的整体价值应该超过了 5 000 万元。此时，他入资 2 000 万元就要占据 2/7 的股份，你确实亏了。"

"但是，如果你的公司起初股东权益就超过了 5 000 万元，后来逐渐亏损到只剩 5 000 万元，而且如果没有新的资金注入，公司可能会继续亏损，那么在这个朋友入资前，公司的整体价值可能不到 5 000 万元。此时，他入资 2 000 万元占据 2/7 的股份，反而是他亏了。"

当然，这些都需要经过专业评估才能最终确定。

我问他："你的公司属于哪种情况？"

他说："属于第一种情况。我的公司经营状况非常好，盈利能力也很强。我之所以让这个朋友入股，是想通过他的入资来增强公司的资金实力，进一步扩大业务。"

我说："既然如此，那就不要让他进来做股东了，你直接向他借钱，给他一定的利息就行了。"

他说："我原来也是这么想的，但是这个朋友说借款手续烦琐，而且也不好意思收取利息，干脆就入股吧。"

我说："你这是什么朋友啊？这是要分你的利润呀！"

他说："是这样的。但因为我急需钱来扩大经营，所以还是决定让他入资当股东。"

我说："这样吧，你去找银行借钱试试。凭你公司的盈利情况，银行应该会借给你钱。"

一段时间以后，他非常高兴地给我打电话，说他听取了我的建议去找银行借钱，虽然遇到了一些波折，且贷款成本比较高，但最终还是借到了钱，并成功促进了公司的快速发展。

我的这个经历，说的是一个处于发展中的企业在需要资金的时候，应该到哪里去找的问题。

当然，从外部借钱，出借方不一定是银行，也可以是个人投资者，还可以是资本市场上的债券持有者。现在的问题是：向股东要钱和向金融机构借钱，对企业的发展有根本性的影响吗？

一、向股东要钱（即股权融资）对企业的影响

你可能会说：向股东要钱最好了。因为股东的钱既不用偿还，也不用支付利息。但实际上，股权融资对企业的影响，有比偿还本金和支付利息更重要的方面。

（一）企业的股权结构和治理结构会发生变化

在有限责任公司中，股权融资确实不需要偿还本金和支付利息。但是，由于新股东的加入，企业原有的股权结构会发生变化。股权结构发生变化就意味着治理结构可能会发生变化。

在股权结构、治理结构发生变化以后，企业的核心管理层也可能进行相应的调整，企业的经营管理风格也可能发生重大转变。

下面我们来看一个具体案例（资料来源于汉商集团的有关公告）。

武汉市汉商集团股份有限公司（简称汉商集团）在2019年2月股权结构出现重大变化，实际控制人发生变更：截至2019年2月22日，公司第一大股东阎志先生及其一致行动人卓尔控股有限公司合计持有公司39.5%的股份，公司第二大股东武汉市汉阳区国有资产监督管理办公室持有公司35.01%的股份，公司其他股东合计持有公司25.49%的股份。

公司控股股东由武汉市汉阳区国有资产监督管理办公室变

更为阎志先生及其一致行动人卓尔控股有限公司，实际控制人由武汉市汉阳区国有资产监督管理办公室变更为阎志先生。

此项重大事件的发生导致该公司董事会发生了变化。我们来看一下实际控制人变更后，新一届（第十届）公司董事会的推选和当选情况。

公司第十届董事会由 9 名董事组成，阎志先生及其一致行动人卓尔控股有限公司合计推荐并当选 4 名非独立董事，合计提名并当选 2 名独立董事；武汉市汉阳区国有资产监督管理办公室推荐并当选 2 名非独立董事，提名 2 名独立董事，当选 1 名独立董事。

体会一下：第一大股东持有公司 39.5% 的股份，成功推荐并当选了 9 名董事会成员中的 6 名董事，绝对控制了董事会。而公司第二大股东武汉市汉阳区国有资产监督管理办公室持有公司 35.01% 的股份，持股比例与第一大股东相差无几，却只推荐了 4 名董事，且还有一人落选。

第一大股东推荐的董事与第二大股东推荐的董事在未来董事会的人员数量关系为 6 : 3。这导致公司的治理结构发生了重大变化：掌握公司治理主导权的由原来的第二大股东变为现在的第一大股东。

本来，根据第一大股东和第二大股东的持股比例，我还以为最终董事会中第一大股东与第二大股东推荐的董事数量关系为 5 : 4。但为什么不是 5 : 4，而是 6 : 3 呢？这就是"控制"的表现。

请注意，在大多数情况下，董事会的成员会对公司提交董事会表决的事项达成一致意见。但只有涉及第一大股东与第二大股东自身利益的决议且该决议将明显不利于第二大股东时，董事会才可能会以 6∶3 通过决议。如果是 5∶4 的董事数量关系，则不一定能够确保决议顺利通过。

问题来了：难道第二大股东在维护自身利益方面就束手无策了吗？

并非如此。

企业的最高决策机构是股东会，一些重大的企业决策需要提交股东会投票表决。

当出现明显对第二大股东不利的决议事项时，一般会将其提交至股东会进行投票。此时，第二大股东便有了维护自身利益的机会。根据《中华人民共和国公司法》的规定，持有公司股份 1/3 以上的股东，可以对股东会的决议进行否决。

还记得汉商集团第二大股东的持股比例吗？第二大股东武汉市汉阳区国有资产监督管理办公室持有公司 35.01％的股份！单一股东持股达到这个比例，完全可以对股东会的决议事项投否决票。

这是不是很有意思？原最大股东虽然退居第二大股东，失去了对公司的控制权——在董事会中处于绝对劣势地位（因为其推荐的董事数量少），但仍保留了对公司股东会决议的否决权。

尽管如此，公司主导权仍掌握在第一大股东手中。可以想象，在新的董事会成立后，公司的各级管理人员（包括 CEO）都会发生变化。即使具体人选不变，这些人的任命也会在实质上属于新的董事会，而不是原来的董事会。在各级管理人员发生变化以后，企业的发展方向和经营活动就会自然纳入实际控制人的管理体系中。

我在本书前面曾经提到辅仁药业的业绩过山车问题。实际上，辅仁药业在 2017 年完成了同一控制下的企业合并后，其股本就发生了显著变化：由原来的 177 592 864 股猛增到 627 157 512 股。由于新增加的股份属于辅仁药业的控股股东，这导致公司的股权结构和治理结构发生了根本性变化，企业未来的发展前景，将直接取决于控股股东的战略意图。

遗憾的是，辅仁药业最终走上了不归路。

（二）不同目标的股东利益协调不当会导致企业出现不稳定因素

股东入资一家企业，人们往往以为他们是为了一个共同的目标而聚在一起。但实际上，很多情况下并非如此。有的股东着眼于企业的长期发展，关注的是企业的发展方向、发展战略等，对短期利润可能并不十分在意；而有的股东关心的是自己的投资何时能收回，企业何时能盈利并分红，或者何时能以更高的价格出售手中的股份。

这些因不同目标而聚在一起的股东们，各怀心思。当对利润和分红的预期长时间无法实现时，股东之间的和谐关系就有可能被打破。

我曾经在一家大型企业担任独立董事，在此期间我经历了这样一件事情。这家大型企业（我称之为母公司）计划在某一地区设立一家子公司。由于母公司对当地的经营环境不熟悉，于是在子公司筹备阶段，邀请了当地的一位企业家加入，并让其入资注册资本的 30%。如此一来，子公司的股权结构确定为：母公司持股 70%，当地企业家作为子公司的小股东持股 30%。

公司迅速设立并很快开展了经营活动。在公司投入生产的第二年，便实现了盈利。

在盈利的第一年，母公司的代表对子公司的小股东说："公司今年刚刚盈利，规模还很小，这点分红意义不大。不如这样，等明年盈利更多了，再把今年的利润累计起来一起分！"子公司的小股东听后表示同意："没问题！明年再分吧。"

第二年，子公司获得了更多的利润。

年底时，子公司的小股东询问：可否分一些利润？母公司的代表说："分利润是可以的，但是现在分就太可惜了。现在企业的市场状况非常好，产品供不应求，如果今年分利润，必然导致流动资金紧张，那就要借钱了。借钱就要支付利息，这岂不是白扔的钱吗？今年不分红，把这些钱继续用于经营，赚更多的钱，以后再分不是更好吗？"子公司的小股东说："好吧！"

第三年，公司的盈利状况仍然很好。这次，母公司的代表主动找到了子公司的小股东，说："我这次来找你，是要与你商量一件事。"子公司小股东心中一喜，暗想："终于要和我商量分红的事了。"

母公司的代表却说："咱们公司这几年的经营、市场和盈利状况都不错。母公司领导对此表示高度肯定，并特别让我转达他们对你的敬意和感谢。"子公司小股东心中嘀咕："客气什么呀？要分红了，还感谢什么？"

母公司的代表继续说："鉴于子公司良好的业绩和市场前景，母公司决定对子公司增资扩股。我们建议，按照现在的持股比例，双方各自增加一部分资金入资。这样，我们就可以在明年实现更大的市场目标。"

听到这里，子公司的小股东终于明白了。

他感慨道："我算是彻底明白了，原来你们大股东是一心一意谋发展、做业绩，对分红毫无兴趣。也难怪，子公司分红对你们这些母公司的管理层来说没什么意义，做大做强公司对你们的管理业绩才有意义。可我呢？我已经投资好几年了，却一分钱没见着。分红对于我来说是直接关乎利益的。现在，你们不但不分红，还让我继续追加投资。那就是说，公司没有利润就不能分红，有了利润不分红还要追加投资？我到底什么时候才能看到回报呢？"

他继续说："我想不通，所以我就不投了。"

母公司的代表说："你不投也没关系，我们可以单方面追加投资。但是，你的股份比例可能要从 30% 调下来。至于下调多少，要找专业的评估机构来确定。"

子公司的小股东说："你们看着办吧。"

自此以后，子公司的小股东对子公司彻底失去了信心。他对子公司的贡献，也由原来的积极正能量迅速转变为消极负能量。失去了他的支持，子公司业绩持续下滑，迅速陷入了内耗的困境。

这个案例告诉我们：大股东和小股东因不同目标而聚在一起，大股东关注战略发展，小股东关注短期的财务利益。不要以为这种大股东与小股东关注点出现重大差异是不正常的，实际上，这是非常正常的。

想想看，如果你是小股东，你会关心什么？是不是首先关心自己的投资不要亏损，然后期望尽快获得投资收益，最好能够尽快通过投资收益收回投资本金？

那么，作为大股东，为了公司的长远发展和和谐发展，是不是要做出某些改变呢？我认为，为了避免出现股东之间的利益冲突，维持企业长期发展，大股东可以采取以下措施。

第一，作为一个主导性股东，对吸纳新股东要慎之又慎。

企业的股东和雇员是不一样的。雇员是签了合同在企业工作的员工，企业可以依据合同进行管理。如果雇员不符合企业的业务要求或工作要求，企业可以依据合同和法律规定解聘雇员。

但是，股东就不一样了。只要特定股东一直持有其股份，那么企业在任何情况下都不可能更换该股份的持有者。也就是说，股东并不像雇员那样可以被解聘。因此，大股东在吸纳新股东时，一定要慎重，并非任何人都可以作为股东进行合作。

第二，对于难以合作的股东，可以择机对股份进行调整。

对于难以合作的股东，也并非束手无策。在合适的机会出现时，是可以进行调整的。企业的股东们能够聚在一起向企业投资，一定是对企业的未来有良好预期。

当企业展现出很好的财务业绩时，股东们继续持股的信心便更加坚定；当企业发展迟缓、业绩下滑时，小股东对企业发展前景的信心往往会动摇。因此，在企业绩效表现不理想的时期，正是对企业股权，尤其是小股东的股权进行调整的最佳时期。在这种情况下，大股东完全有可能以小股东可以接受但代价不大的对价收购小股东的股份，从而使企业的治理更加和谐。

第三，在企业治理过程中，一定要兼顾小股东的合理诉求。

在很多情况下，小股东的诉求是合理的。比如，他们希望了解企业较为详细的财务信息、业务发展状况、企业发展的最新动态等。当然，在企业盈利时，他们也希望企业能够分红。

对于这些合理诉求，大股东应该尽量予以满足。实际上，当大股东满足了小股东的合理诉求后，多数小股东会对企业的发展更有信心，并会真心实意地助力企业的发展。

（三）现金入资与非现金入资在估值上的差异可能为企业埋下风险隐患

有的时候，股东对企业的入资会采用不同的资产形态：有的投入现金，有的投入房屋建筑物，还有的投入技术等。当不同形态的资产入资同一企业时，就涉及非现金资产入资的估值问题。如果估值出现显著偏差，股东之间的原始利益分配就会出现失衡。

我曾经在一家企业担任顾问。这家企业是由三个股东共同设立的，注册资本为 1 000 万元。股权结构为：甲方持股 55%，乙方持股 25%，丙方持股 20%。实质入资内容是：甲方为企业未来引进国外生产线提供担保；乙方提供企业经营场所所需的土地和部分房屋；丙方提供与该企业生产线相关的关键文件。

看到了吗？这家企业的三个股东，没有一个是提供真金白银的。甲方仅提供了一个担保，就占据了公司 55% 的股份；乙方倒是提供了属于固定资产的房屋和属于无形资产的土地使用权；丙方提供的更是无形之物。

然而，就是这样一家企业，居然营业了，并且几年后还实现了盈利。当企业开始盈利时，甲方提供担保的义务已经解除，丙方提供的文件也已经失效。

这时，乙方不满了："原来，只有我真正为企业提供了有价值且持续发挥作用的土地和建筑物。那两个股东的贡献已经荡然无存，他们应该被剔除出股东行列。"

当乙方提出这个想法以后，甲方和丙方也很不高兴。他们认为，公司的原始股东关系一旦建立，就不应随着初始贡献内容的变化而变化。如果没有甲方和丙方的参与，这家企业能建立起来并发展到今天吗？

至此，企业陷入了股东之间利益关系的纠葛之中。这种纠葛持续了数年，最终以甲方和丙方获得一定利益补偿后退出而告一段落。企业也因此一蹶不振。

这个案例告诉我们：不同形态的资产在入资时，如果估值过程中主观因素太多，极易引发股东之间未来的利益冲突；不同形态的资产在企业未来的发展中的贡献能力和特征也各不相同。入资资产对企业未来业务发展贡献能力的差异，也是未来股东之间可能发生利益冲突的一个风险点。

二、向金融机构借钱（即贷款）对企业的影响

下面讨论一下企业向金融机构借钱的财务后果。

（一）还本付息

很明显，借任何人的钱都是需要偿还的。企业从银行借的钱，除了要归还本金，还要支付利息。

（二）行为受到制约

在某些情况下，银行对企业在债务偿还前的某些行为具有制约力。比如，在企业进行重组的过程中，如果债权人认为重组会损害其利益，可能要求企业先偿还债务再进行重组。这与当前社会对一些"老赖"进行消费限制是一个道理。

（三）效益压力大

显然，企业支付的贷款利息最终都会成为企业利润表中利润的减少因素。因此，当企业的财务业绩不佳时，如果进行过多的债务融资，必然导致利润下降。在极端情况下，企业可能因利息负担过重而亏损。

（四）受政策影响大

无论是国内还是国外，银行的信贷政策都会随着客观经济形势的变化而变化。当政府鼓励某个行业发展时，银行往往会支持符合政府政策导向的企业进行债务融资；当政府进行某些政策调整时，银行也往往会通过收紧或放宽信贷政策来响应政府的政策。

下面我再给大家讲个故事。还记得我在本节开篇时提到的那个自身股东权益为 5 000 万元的小型企业老板融资的事情吗？一开始，他的朋友想投资 2 000 万元，以换取公司 2/7 的股份。在我的建议下，他选择了向金融机构贷款。

这个老板后来告诉我，其实他的贷款过程并不顺利。他找到了一家银行，银行在了解企业的经营情况后，对贷款给他表现出了浓厚的兴趣。但是，银行的工作人员告诉他："我们是国有银行，而你是私营企业。如果我们向你提供贷款，你必须完成资产评估、寻找担保人等手续。"

老板进一步了解后发现，完成这些手续后，年化融资成本达到了 12%！但他最后还是咬牙贷款了。

我说："你其实不必这么勉强！不贷款，只是业务规模会小一些。现在贷了款，贷款的成本可能会让你不堪重负！"

他说："不会，我的公司业务盈利能力很强。我之所以贷款，是因为最近的业务发展非常猛。如果不贷款，错过这个发展机遇就太可惜了。虽然这次贷款的融资成本不低，但这些贷款推动的业务，在扣除融资成本后仍然能为公司带来可观的利润！"

这个案例告诉我们：当企业因发展需要贷款时，必须保证贷款所推动的业务在扣除融资成本后还有利润。否则，企业就可能因高成本陷入困境。在计算融资成本时，一定要尽量采用年化方式，即计算一年或者贷款期内总的融资成本，并对比业务在扣除融资成本前后的利润情况。如果最终是亏损，那么贷款扩大了业务规模是没有意义的。

前面我们探讨了不同的融资方式对企业的影响。这些内容对我们的启示是：企业在不同的条件下，应该选择合适的融资方式。

需要注意的是，从融资规模的角度来看，股权融资额度是无限的（只要股东愿意投入）；而债务融资额度则是有限的——既要考虑企业股东权益的规模，还要考虑企业效益的规模，更要考虑企业偿还债务的能力等。

一般来说，在企业发展的早期阶段，应以吸收股东入资为主；当企业发展到一定阶段，具备一定的市场能力和盈利能力时，可以采用适当的债务融资方式获得所需资金，这一方面不会影响企业的股权结构和治理状况，另一方面还会使企业增加的利润仍然在原有股东之间分配；当企业发展到更高阶段，需要更多资金以谋求更大的市场发展时，可以考虑股权融资与债务融资相结合的方式。

最后说一下永续债。

我发现了一个有趣的现象：多家上市公司的资产负债率都在 70% 左右，而支撑这几家公司资产负债率保持在这一水平的重要力量是永续债。

下面是华能国际、大唐发电和上海电力 2023 年度合并资产负债表中的部分信息（见表 11-1）。

表 11-1　三家公司 2023 年度合并资产负债表部分信息

单位：千元

项目	华能国际	大唐发电	上海电力
资产总额	541 159 281	303 998 918	168 572 335
负债总额	369 796 720	215 532 968	118 012 280
资产负债率	68.33%	70.90%	70.01%
股东权益总额	171 362 562	88 465 950	50 560 055
其中：永续债	79 626 169	46 210 976	9 695 060
永续债/资产总额	14.71%	15.20%	5.75%

注：资产负债率＝负债总额/资产总额×100%。

什么是永续债呢？

永续债是指没有明确到期日或期限非常长的债券。

上海电力的说明是："公司于 2023 年 10 月 12 日发行了 2023 年度第一期中期票据，发行总额人民币 20 亿元，发行票面利率 3.29%，期限 3＋N 年；于 2023 年 10 月 13 日至 10 月 16 日发行了 2023 年度第二期中期票据，发行总额人民币 18 亿元，发行票面利率 3.28%，期限 3＋N 年。"

不难看出，如果上述几家公司没有永续债的"驰援"，资产负债率很可能早就超过 70% 了！

这几家公司似乎有意避免资产负债率超过 70%，而发行永续债则是它们降低资产负债率的手段。

当然，如果企业确实需要资金，且永续债的利率水平相对较低，那么发行永续债是一个明智的选择。然而，如果企业资金并不紧张，或者即使资金紧张也有其他成本更低的债务融资渠道，则发行永续债可能因利息负担较重而拉低企业的利润。

实际上，资产负债率本身并不是衡量企业风险的指标，而是反映企业资源供给结构的一个参数。企业负债规模较大可能意味着企业因业务扩张和竞争力提升而有较高的经营性负债，或者因债务融资较高而推升了负债水平。

无论负债规模有多大，只要企业的资产质量高、盈利能力强，资产负债率就不会成为制约企业发展的瓶颈；反之，即使企业资产负债率不高，但资产质量和盈利能力严重下滑，企业也会在不久的将来陷入财务困境。

因此，在不需要资金的情况下，企业仅仅是为了降低资产负债率而发行永续债，只能让企业的盈利状况进一步恶化。

到这里，本节内容就告一段落了。在本节中，我与大家探讨了企业的两种融资方式——股权融资和贷款对企业的深远影响，并简要介绍了永续债这一特殊融资工具。

根据我的研究，中国资本市场上的许多企业发行永续债并无必要，这往往会在"改善"资产负债率纸面形象的同时降低企业的盈利能力。

总结

一是学习本节内容的独特收获：通过本节的学习，可以对股权融资和贷款对企业的根本性影响有更清晰的认识：股权融资是通过改变企业治理结构来改变企业发展的运行方向的；贷款必须要有度，这个"度"就是确保企业不会因融资而发生亏损。

二是本节对大家职业生涯的可能贡献：领悟本节的内容，你会认识到融资对企业命运的重要影响。大量的融资理论主要聚焦于融资成本和融资带来的效益问题，而本节则更多关注企业因融资而可能发生的根本性变化，以及这种变化对企业未来发展的影响。

12. 固定资产 | 固定资产是多些还是少些？有效规避不良资产配置

　　我们在前面的学习中已经了解到：企业的固定资产属于非流动资产，且对于很多企业而言，其业务规模的大小从固定资产的配置中便可见一斑。

　　本节我们将讨论与固定资产有关的问题。具体而言，我们将讨论固定资产与企业业务的关系、固定资产与企业效益的关系，以及如何识别面临产能过剩风险的企业等问题。

一、固定资产与企业业务的关系

　　我先讲述一件我亲身经历的事情。

　　几年前，一个学生找到我，邀请我去他的公司参加一个关于投资项目的研讨会。他亲自开车带我去公司在北京的办公所在地。

　　车快到的时候，我远远望见一座被太阳能设施环绕的大楼。学生告诉我，他的公司就在这座大楼里。

　　我感觉这个学生的公司似乎不需要这么大的固定资产，于是便问他："这座楼都是你们公司的吗？"

　　他笑着说："怎么可能呢？我们只是租了一部分，这座楼其实是一家知名上市公司的。"

　　说话间，车又向前行驶了一段距离，这次，我清晰地看到了挂在这座大楼上的招租电话牌。原来，这座大楼一直处于招租状态，其使用状况远远没有达到饱和。

　　不仅如此，当我抵达后，发现在这座大楼附近还有一座稍小一些的楼，虽然已经建成，但未启用。

　　显然，这两座楼都是那家上市公司的固定资产，但它们的利用率，一座是零，另一座也远未饱和。

　　你可能会问：企业建设固定资产的资金是从哪里来的呢？我告诉你：这些资金是股东给的，是企业通过发行股票从股东那里筹集到的！

　　那么，问题来了：企业为什么要进行固定资产建设呢？

（一）企业业务发展的需要

　　在很多情况下，企业的业务发展离不开基础设施和生产经营设施的支撑。比如，一家制造企业必须要有厂房、建筑物、机器设备、仓库等；航空公司要购买飞机来从事运输业务；海运公司要购买船舶来从事海运业务；有些企业还要建立研发基地。这些设备和设施都是企业的固定资产。

　　当然，随着租赁市场的不断发展，企业在一定条件下可以租赁所需要的固定资产。但是，租赁并不能代替企业所有的固定资产建设。因此，可以说，企业购建固定资产是必然的选择。

（二）企业战略调整的需要

　　当企业希望在原有产品生产经营的基础上，通过建设新的生产经营设施来进入新的市场领域时，就会购建新的、与原有生产经营设施显著不同的固定资产，从而为新的生产经营活动奠定基础。

这就是说，如果企业缺乏必要的固定资产配置，那么将难以开展预期的生产经营活动。

二、固定资产与企业效益的关系

那么，是不是固定资产越多越好呢？当然不是，凡事都要有度。

我举一个例子。在 2022 年 11 月以前，经常乘坐南方航空公司（即南航）飞机的乘客一定会注意到，南航有一种很大的机型——A380。南航还专门为它设计了一句广告语：选择 A380，飞行从此大不同。

你可能会觉得，能专门享有一句广告语的飞机一定很神奇！那么，A380 是一架怎样的飞机呢？神奇在哪里呢？

A380，全称为空中客车 380，是由欧洲空中客车公司研发制造的全球最大的宽体客机。飞机大到什么程度呢？如果设置三个舱位——头等舱、公务舱和经济舱，载客量可以达到 555 人；如果全部设置为经济舱，可以载客 888 人。飞机高达 24 米，如果按 3 米一层楼来计算，相当于八层楼那么高；飞机翼展为 80 米，机身长达 73 米；航程可达 15 000 公里。

显然，这样的巨型飞机更适合路途遥远的国际航线，如飞往欧洲、非洲、北美洲、南美洲等地，而不是短途飞往日本、韩国、越南等地。

南航一共购买了 5 架 A380 飞机，并在 2011 年 8 月以后陆续启用。我曾经在往返北京与广州的时候坐过几次这个机型的飞机，飞机分上下两层，乘坐体验很舒适。

但是，我注意到了以下几个问题：

第一，该机型在国内的航线不多。在国内，主要执飞北京至广州、北京至深圳等航线。国际航线也只有飞往洛杉矶等少量航线。

第二，飞机经常坐不满。在该机型执飞的航线上，可替代的航班很多。乘客一般不会由于慕名该机型而特意选择出行时间。由于替代航班多，该机型经常会出现座位空置的情况，降低了公司的运营效益。

第三，由于该机型的体型大、翼展宽，因此必须配备专用的登机通道。与通用的登机通道相比，显然专用的登机通道价格更昂贵。请记住：专用的往往是浪费的。

由于上述因素的影响，实际上该机型经常被用于短途运输，这无疑有些大材小用。

这是什么意思呢？就是原本应该在国际长途运输中大显身手的 A380，由于难以获得国际航线的运营资质，南航不得不在引进 A380 的初期，让 A380 在国内航线上运营，"委屈"地与各种体量远不如自己的"小兄弟"争夺客源。而其大型、专用且适合长途飞行的特点，又使得它的"尊贵之身"至今只能在国内少数机场起落。

当然，随着环境的变化，A380 飞国际航线的业务也在逐渐增加，但与该"巨无霸"所拥有的强大运载能力相比，其业务量还远远没有达到饱和的状态。

因此，在一段时间之内，A380 必然面临飞行时间短、载客量不足的业务困境。与该机型巨额的采购成本、相对昂贵的各种专业设施及配套服务相比，这样的市场表现确定很难盈利。

在经历了多年持续的财务业绩不佳后，A380 于 2022 年 11 月彻底退出了南航的商业运营。

对于任何企业而言，固定资产的配置不是越昂贵越好。在结构上、规模上配置与企业自身业务相适应的固定资产才是最重要的。

南航 A380 在运营过程中出现的问题，从管理学的角度来看，就是企业的资源配置与业务结构出现了脱节。在企业还未获得相关业务资质（也就是国际航线运营资质）的时候，过早地配置了相关资产或设施。在这种情况下，短途运输再怎么努力，也很难实现财务上的盈利，因为折旧费以及各种专属成本等实在太高了。

从管理过程来看，这种情况不是具体的经营问题所致，而是源于早期的决策失误。企业决策上的失误很难通过未来的经营努力来弥补。

那么，怎样衡量企业固定资产与企业效益之间的关系呢？我告诉你，可以从两个方面来衡量。

（一）固定资产规模变化与营业收入之间的关系

无论是在原有产品领域进行深耕，还是拓展新的业务领域，企业增加固定资产通常是为了增加未来的营业收入。也就是说，增加的固定资产要能够达到增加营业收入的预期效果。这可以通过比较企业营业收入在年度间的变化来进行判断。

当企业固定资产增加较少，营业收入增加较多时，一般可以认为企业的固定资产已经发挥了良好的效用，为推动企业产品的市场化做出了积极贡献；当企业固定资产增加较多，营业收入增加不多甚至降低时，一般可以认为企业的固定资产尚未充分发挥效用，其为推动企业产品的市场化做出贡献的情况，还需要在未来持续观察。

（二）固定资产规模变化与企业产品毛利率和毛利的关系

一般而言，企业新增加固定资产的技术水平和生产效率会高于现有固定资产。在存在市场需求的情况下，企业可以通过增加固定资产来提高规模效益和生产效率，从而提升企业产品的毛利率，并扩大市场规模。这是企业增加固定资产投资的重要预期效果之一。

但是，当固定资产增加过快，而新增固定资产的技术水平并没有显著提高，且建造成本很高，同时企业市场规模在短时间内难以扩大时，就有可能出现企业固定资产闲置、产能利用率低下、毛利率下降的情况。如果企业的市场占有率降低，那么伴随着毛利率的下降，毛利也会减少。

如果出现这样的情况，我们可以认为，企业未来可能会因固定资产早期增加过快、产能过剩而出现亏损。

案例分析 中芯国际固定资产规模与企业产品毛利分析

下面我基于中芯国际 2023 年及以前年度公开发布的年度报告中的财务数据进行分析（见表 12 - 1）。

中芯国际的数据显示，在 2020—2023 年四年间，企业的营业收入总体上呈增长趋势，但 2023 年出现了小幅下降。

但是，在同一时期，企业的固定资产迅猛增加，且增长势头强劲；每年年末，企业都有巨额的在建工程。

固定资产的增加呈现出一个显著特征：每年固定资产的增加额都大于每年营业收入的增加额（2023 年营业收入出现负增长）。当然，这应该与该企业的行业特征有关，即半导体行业需要配置超大规模的固定资产。但如果长期存在固定资产增加过快过猛而营业收入无法与之匹配的情况，则企业有可能面临产能过剩的风险，部分固定资产也会转变成不良资产。

另外，企业的毛利和毛利率在 2023 年均出现了显著下滑。回顾 2023 年以前的财务数据，可以发现企业的营业收入、毛利、毛利率在 2020 年至 2022 年间呈持续增长趋势，且在 2022 年达到峰值。

正是在这个时期，企业积累了大规模的固定资产。这就要求营业收入必须有更大规模的增长才能最终产生效益。

很遗憾，这种增长势头在 2023 年被逆转了。

表 12-1　中芯国际相关财务数据

单位：千元

资产负债表项目	2023-12-31	2022-12-31	2021-12-31	2020-12-31
固定资产	92 432 359	85 403 283	65 366 428	51 415 003
在建工程	77 003 145	45 761 724	25 243 863	27 661 244
利润表项目	2023 年度	2022 年度	2021 年度	2020 年度
营业收入	45 250 425	49 516 084	35 630 634	27 470 709
营业成本	35 346 301	30 552 673	25 189 070	20 937 253
毛利	9 904 124	18 963 411	10 441 564	6 533 456
毛利率	21.89%	38.30%	29.31%	23.78%

注：毛利＝营业收入－营业成本；毛利率＝毛利/营业收入×100%。

这种逆转变化可能是暂时的，我们仍期待企业未来的重资产能够带动更高的营业收入增长和毛利率提升，并最终获得较为理想的利润。

需要注意的是，固定资产的快速增加一定会导致折旧费用的大幅增加。在这样的情况下，如果企业不能实现营业收入更大幅的增加，其毛利率就会下降。

企业2023年的毛利和毛利率均大幅下降，其中一个重要的推动原因就是固定资产折旧在迅速增加。

三、识别面临产能过剩风险的企业

众所周知，固定资产不足将会影响企业正常的生产、经营和管理活动。那么，需要配置多少固定资产，以及固定资产的结构应该如何设计呢？对于这个问题，很多企业的管理者心中并无确切的答案。有些企业管理者甚至将固定资产原值当作企业的硬实力来展示，这就更显得无知了。

我们已经认识到，固定资产并不是越多越好。当固定资产增加到一定程度时，对企业来讲就是灾难的开始，意味着可能出现产能过剩了。

那么，我们如何才能识别出那些存在产能过剩风险的企业呢？

你或许会说：既然企业的管理者都对此不清楚，我又怎么能知道呢？其实，很简单。

通过以下四个步骤，就可以轻松识别出固定资产可能过剩的企业：

第一步：考察年末与年初企业固定资产增加的规模；

第二步，考察相同年度内企业营业收入增加的规模；

第三步，考察相同年度内企业毛利率的变化；

第四步，考察相同年度内企业毛利增加的规模。

这四个步骤在前面的案例讨论中已经有所展示。以中芯国际为例，按照这四个步骤分析，可以发现其固定资产与营业收入的比例已经很高了。

当然，仅仅依据过去几年的固定资产增长、营业收入增长、毛利率变化以及毛利变化，就断定企业已步入产能过剩的阶段还为时过早。要判断企业是否产能过剩，还要结合未来企业存货周转速度是否持续变慢（产能过剩企业的产品往往卖不出去，导致存货积压、周转变慢）、企业是否计提存货减值损失和固定资产减值准备等进行综合考察。

如果企业的固定资产（产能）确实过剩了，那么在未来某个时期，企业就有可能被计提大规模的固定资产减值准备和存货减值损失，这将成为企业亏损的巨大推动力。

最后，我要提醒投资者一句：务必远离即将出现产能过剩的企业。

在本节中，我与大家讨论了固定资产与企业业务之间的关系，重点分析了企业固定资产变化的内在含义及其与企业效益之间的关系。最后，我简要介绍了识别企业产能过剩的四个步骤。

总结

一是学习本节内容的独特收获：通过本节的学习，可以对企业固定资产的变化有更全面的认识：固定资产是企业生产经营的重要基础，但其过多或过少都会影响企业发展。盲目增加固定资产，最终可能使企业迅速陷入产能过剩的困境。

二是本节对大家职业生涯的可能贡献：领悟本节的内容，你将树立起更为正确的企业资源拥有观：企业拥有的任何资源都应该有一个"度"，这个"度"就是能够满足企业生产经营的基本需要。当然，考虑到企业的未来发展，适度增加相应资源并无大的危害。企业拥有资源的目的不是展示实力，而是让这些资源所形成的产品在与市场的互动中展示自身价值。

13. 存货周转 | 货太多还不盈利？存货变现金流能力揭秘

存货是反映公司整体实力的一个重要方面，本节我们将讨论存货问题，主要包括以下方面：

第一，对于企业而言，存货的价值体现在哪里；第二，资产负债表中存货的三种前景；第三，企业存货减值反映了企业管理中的哪方面问题；第四，怎样判断企业存货快速转化为现金流量的能力。

一、存货的价值

听到"存货"两个字，你脑海中是不是浮现出一个堆满货物的大仓库？这就是对存货最普遍的认知。对于很多企业来说，存货是极端重要的。

比如，在制造企业中，生产的产品就是存货，销售收入的实现、公司的整体运营都依赖于这些产品的顺利销售；在商品流通企业中，所流通的商品是存货；在房地产开发企业中，那些正在开发的楼盘属于存货，且其价值往往非常高。

这些存货在售出之前，是企业流动资产的重要组成部分；售出之后，与这些存货相关的成本就成了利润表中的营业成本。

营业收入减去营业成本后，就是企业的毛利。因此，对于很多企业而言，没有存货就没有市场，没有市场就赚不到钱。

二、资产负债表中存货的三种前景

在理解了企业存货的价值之后，我们再来探讨第二个非常重要的问题：企业资产负债表中的存货，未来将会变成什么？资产负债表中的存货体现的是企业对自身生产能力利用的结果，而不是企业产品的市场竞争力。

决定企业盈利能力的，不是存量存货，而是售出的存货。想想看，即便企业囤积了大量的货物，若无法售出，也只是徒劳。而且如果存货长期积压，没有办法变现，存量存货最终就会成为企业的负担，导致亏损。

因此，企业资产负债表中的存货有三种前景。

第一，存货能够以高于账面成本的价格售出，对企业的核心利润及最终盈利做出贡献。

这是最理想的一种情况。货物不仅卖出去了，还卖了高价，企业有利润可赚。

这类企业的存货周转速度往往很快，货物根本不会长时间积压在仓库，可能刚入库就售出，且毛利率比较高。同时，这类企业的各项费用也会比较合理。这样，企业就可以通过出售存货来稳健地获得利润了。

以格力电器为例，其王牌产品空调便是其主要的利润来源。格力电器长期有效地控制住了存货存量规模，避免了明显的存货积压，也不影响市场销售。此外，格力电器还特别注重产品质量和市场营销，"好空调，格力造""格力掌握核心科技"等广告语家喻户晓，品牌深入人心。得益于存货周转速度快、市场规模大、毛利率高，格力电器的整体盈利能力越来越强，长期在空调市场处于领先地位。

即使在 2021 年至 2023 年期间，格力电器空调业务的营业收入被美的集团超越，但在毛利率和空调业务的盈利能力方面，格力电器仍居于领先地位。

第二，虽然存货能够售出，但由于市场规模过小或者毛利率过低、费用率过高而难以让企业盈利。

货物卖出去了，售价也不低，但是企业最终未能获得利润，这是为什么呢？很有可能是因为企业的销售费用率、管理费用率和研发费用率比较高。这就使得存货周转情况尚可，但对企业的核心利润的贡献仍然很少；甚至可能出现营业成本高于营业收入的情况，导致企业根本没有毛利。

第三，企业生产出来的产品根本卖不出去，最终只能以减值的方式增加亏损。

那么，问题来了：如果企业估计自己的产品最终卖不出去，该如何进行账务处理呢？熟悉公司报表的朋友都知道，现在普遍的做法是：在编制年度报告时，企业对存货进行减值测试。一旦发现某些存货不能按预期实现正的价值贡献，就要对已经发生的减值进行处理，即将其计入利润表中的"资产减值损失"项目，从而增加损失或者减少利润。

案例分析 　中芯国际存货分析

下面我们来看一下中芯国际 2023 年年度报告中的存货及有关数据（见表 13-1）。

表 13-1　中芯国际 2023 年年度报告（部分）　单位：千元

资产负债表项目	2023 年 12 月 31 日	2022 年 12 月 31 日
存货	19 377 706	13 312 746
利润表项目	**2023 年度**	**2022 年度**
营业收入	45 250 425	49 516 084
营业成本	35 346 301	30 552 673
资产减值损失	1 343 532	437 858
其中：存货跌价损失	1 343 532	437 858

数据显示，截至 2023 年 12 月 31 日，中芯国际在计提了 13.44 亿元的存货跌价损失后，存货账面价值仍然高达 193.78 亿元，远高于年初的存货账面价值 133.13 亿元（年初存货也计提了 4.38 亿元的减值损失）。

这说明随着企业存货规模的扩大，存货减值损失的金额也在增加。而且无论是年初还是年末，企业的资产减值损失均来源于存货减值这一项。

这至少意味着企业在存货管理上还有改善的空间。

三、存货减值意味着什么

下面我就与大家讨论一下，企业计提存货减值意味着什么。

首先，分析企业计提的存货减值恰当的情形。

如果企业计提的存货减值是恰当的，则说明相应的资产质量已经恶化，资产管理方面可能存在问题。比如，在中芯国际的案例中，该企业在年初和年末都计提了存货减值损失，这意味着相关资产质量在这段时间出现了恶化。

案例分析　中芯国际存货减值分析

下面，我们再看看中芯国际的哪些存货发生了减值（见表13-2）。

表 13-2　中芯国际存货跌价准备项目构成　　单位：千元

项目	期初余额	本期增加计提
原材料	429 761	171 384
在产品	303 667	661 013
产成品	14 706	511 135
合计	748 134	1 343 532

数据显示，中芯国际存货减值损失的计提包括两部分：一部分是年初的计提规模；一部分是本年新增加的计提规模。两部分合计，年末实际存货减值损失达到了 20.92 亿元（7.48＋13.44）。

这也意味着，企业存货年末的原值规模是 214.70 亿元（193.78＋7.48＋13.44）。

考虑到企业的营业成本是 353.46 亿元，则企业在 2023 年用存货原值计算的存货周转速度即使达不到 2 次，也超过了

1次。

存货周转速度(次/年)＝年营业成本/年平均存货

在计算存货周转速度时，很多人会直接使用资产负债表上的存货数字。这在原理上是不正确的，因为参与周转的存货应以原值计算，而不是扣除减值损失后的净值。然而，如果企业计提的存货减值损失不大，则误差不大，其对评估存货周转状况的影响不大。但如果企业计提的存货减值损失超过存货原值的10%，那么直接使用存货净值计算存货周转速度就有可能误导对存货周转状况的评价和判断。

在中芯国际的案例中，我想要强调的是，只要企业的存货周转速度大于每年1次，年末的存货就不可能是年初遗留下来的，因为年初的存货早就"出清"了。

中芯国际的数据意味着什么呢？

首先，由于存货周转速度大于每年1次，年末存货理论上都是年度内新增加的。

其次，结合表13-1中的内容，企业年度内存货增加较多，这一般被认为是企业基于未来的市场状况而进行的存货储备。

再次，结合表13-1中的内容，企业年度内的存货周转速度应该是下降的（年度内存货增加很多，营业成本增加不多），考虑到企业的科技属性，如果存货周转速度持续下降，存货减值的风险就会加大。

最后，从存货减值结构来看，原材料、在产品和产成品均出现了减值问题。年度间的比较信息显示，在产品、产成品的质量明显下降。

整体来看，中芯国际的存货管理水平确实需要在多方面提升。

请想一想，企业的存货为什么而购买、生产、存储呢？无非是为了对外销售。然而，中芯国际从原材料开始就发生减值损失，在产品更是减值损失的"重灾区"，产成品也不容乐观，发生了规模不小的减值损失。

这种情况的出现，要么是企业所面临的市场变化太快，超出了管理者的认知水平；要么就是管理者的管理能力不足，出现了较为严重的管理失误。要知道，存货减值损失的是真金白银呀！

结论：如果企业计提的存货减值损失是恰当的，这反而意味着企业在存货管理上存在较大漏洞，需要强化内部的存货管理。

其次，分析企业计提的存货减值不恰当的情形。

企业计提的存货减值还有不恰当的？没错！企业确实经常会出现存货减值处理不恰当的情况。

这种不恰当的处理包括两种情况：一是存货已经明显出现减值迹象，但企业为了维持当年的利润水平，不进行减值处理或者减值处理幅度不够；二是存货并未出现减值迹象，但企业为了降低当年的利润或者加大亏损，提前或者过度进行减值处理。**简单地说，一种情况是故意少计提损失，另一种情况是故意多计提损失。**

通过前面的介绍，你应该能够领悟到：企业故意少计提或者多计提存货减值损失，是为了调节利润表上的利润——或者让利润多一些，或者让利润少一些。

如何判断企业是否过度计提了减值损失呢？你可能会说，这么专业的问题，我作为财务小白，怎么会判断呢？

其实，会计并不神秘。企业资产出现减值，就像人生病一样自然。一般的小病，如感冒、腹泻等，是随时可能发生的；但大病往往是长期积累的结果。

要识别企业是否进行了过度的减值处理，你无须询问企业，因为没有一家企业会回答说自己的处理是不恰当的，这还需要你自己通过观察和分析来判断。从我的经验来看，企业该计提而未计提存货减值是比较难判断的，但企业过度计提减值损失，还是比较容易判断的。

企业进行过度的减值处理时，只有一个迹象：违反常识。这个常识是：企业在某年年末的存货减值计提规模，远远大于以前年度的减值计提规模；或者与其他同类企业相比，该企业存货减值的幅度过大。

别忘了，在产品市场上，竞争激烈并非针对某个特定企业。如果确实是因为竞争激烈导致存货减值，那么所有的企业都可能面临同样的问题。

四、企业存货转化为现金流量的能力分析

最后，我们讨论一下企业存货转化为现金流量的问题。大家应该都很清楚：存放在企业的仓库中、体现在资产负债表上的存货不会直接带来现金流量，只有被出售的存货才可能实现利润并带来现金流量。实际上，任何一家企业都希望存货能够

以理想的价格出售。

从根本上说，存货能否转化为现金流量的关键在于存货的质量，以及企业的营销策略与营销平台。

关于企业的存货与现金流量之间的关系，我在前面对企业"两头吃"能力的分析中进行了详细探讨。请读者参阅该部分内容复习和体会一下，企业存货从采购到销售的过程中，各个流动资产项目、流动负债项目是如何互动的，以及不同的互动结果展示了什么样的存货获取现金流量的能力。

我再强调一下其中的逻辑关系：

企业的存货采购、生产、存储和销售，会影响利润表中的营业收入、营业成本以及核心利润的获取，并带来经营活动产生的现金流量净额。由于企业上下游关系管理能力、市场地位和竞争力以及行业特征的不同，企业的营业收入增加与货币资金增加、营业成本增加与货币资金减少之间经常会出现时间差。

处于不同市场地位、具备不同能力、处于不同行业的企业，在盈利能力和获现能力上可能会出现"冰火两重天"的状况：有的企业核心利润不多，但获现能力极强（如中芯国际在 2023 年的情况）；有的企业核心利润很多，但获现能力很弱。

当然，获现能力在某个特定年份不理想，并不一定意味着企业核心利润获现能力不强。因为有些企业的经营周期超过一年，在某些年度付款多，而在其他年度收款多，则在付款多的年度里，可能会出现核心利润多而经营活动产生的现金流量净额少的情况，但在随后年度里就有可能出现相反的情况。另外，有些企业面临激烈的市场竞争环境，为了维持市场地位，企业可能会主动放宽赊销政策，这也可能导致核心利润规模高于经营活动产生的现金流量净额。

无论如何，如果企业在较长时间内持续出现核心利润显著大于经营活动产生的现金流量净额的情况，则可能预示着企业的利润有些"虚"，未来应收账款减值、存货减值的风险较大。

请对核心利润不能带来较为理想的经营活动产生的现金流量净额的企业保持一定的警惕。

在这一节，我与大家讨论了以下几个问题：

第一，关于企业存货的价值。对于以产品生产和销售为主要业务的企业而言，存货是生产经营的核心内容。没有存货价值的实现，企业就没有办法维持生存。

第二，关于资产负债表中存货的三种前景。存货既可能为企业带来丰厚的利润，也可能将企业带入亏损的深渊。

第三，关于企业存货减值反映的企业管理问题。存货出现减值，要么是因为有关存货项目的管理存在问题，要么是因为企业在利用存货的数据调整年度间的利润。

第四，关于判断企业存货转化为现金流量的能力分析思路。

总结

一是学习本节内容的独特收获：通过本节的学习，对与企业存货有关的认识会有进一步的深化：存货的价值不在于存量多少，而在于周转中实现的价值，以及按照多高的毛利水平去实现其价值。存货管理不当，会把企业拖入亏损的境地。

　　二是本节课程对大家职业生涯的可能贡献：领悟本节的内容，你将建立起企业存货与企业管理之间的系统思维：无论是存货规模管理、存货价值实现，还是存货减值，都不是存货本身的问题。从存货规模的变化以及存货价值实现质量的变化中，可以透视企业在存货管理与绩效展示等多方面存在的问题。

14. 产品结构 | 如何通过财务数据体会企业估值背后的逻辑

在上一节，我讲解了关于存货周转的四个重要问题。学会判断存货对企业发展的价值之后，本节我们来看看另一个对企业非常重要的内容：产品或业务结构与估值逻辑。企业产品或者业务结构对企业估值有什么影响呢？

我们从以下三个方面来探讨：

· 可以从哪些方面感知企业的产品或者业务结构信息？实际上，并不是所有人都了解产品结构，特别是那些经常与数据打交道的财务人员。因此，我将它作为第一个问题。

· 企业产品或业务结构方面的哪些信息至关重要？

· 企业产品或者业务结构与企业估值有什么关系？

一、可以从哪些方面感知企业的产品或业务结构信息

产品结构听起来特别专业，但实际上并不复杂。有人或许会说，产品我知道，结构我也知道，那么两者连在一起是什么意思呢？其实，这里所说的产品结构或者业务结构，主要回答了"企业是干什么的"这个核心问题。它包括企业提供的产品或服务等，指的就是企业生产、销售或者提供的具体内容。

知道一家企业是干什么的，对于了解这家企业的现状和发展前景至关重要。就像你去应聘一家公司，如果连这家公司是靠什么赚钱的、经营什么业务、以后发展怎么样都不清楚，你自然会感到不安。对于投资特定企业股票的股民和在企业工作的员工来说，这一点同样重要。

案例分析　美的集团和格力电器的产品或业务结构分析

近年来，中国制造乃至中国创造的实力不断增强。提到中国的家电市场，两个不可忽视的品牌就是：美的和格力。在日常生活中，你可能正在使用美的品牌的家电，如美的冰箱、空调、洗衣机、电饭煲等，而格力品牌最出名的产品是格力空调。

如果你是关注家电市场的读者，可能会知道，董明珠在2012 年 5 月出任格力电器董事长后，宣布了其雄心勃勃的发展战略目标：2012 年，格力电器要实现营业收入 1 000 亿元，从2013 年起每年增加 200 亿元，经过 5 年的发展，再造一个格力电器！

作为主要竞争对手的美的集团，紧紧盯住格力电器，在年度营业收入这一重要战略目标上，与格力电器展开了一决高下的较量。

在这样的背景下，美的集团与格力电器在 2012 年至 2014年的营业收入数据呈现出了有趣的对应关系。在这三年中，美的集团的营业收入始终“力压”格力电器一筹。表 14 - 1 展示了相关数据。

表 14-1　美的集团与格力电器相关年度营业总收入对比

单位：亿元

公司名称	2014 年度	2013 年度	2012 年度
格力电器	1 400.05	1 200.43	1 001.10
美的集团	1 423.11	1 212.65	1 027.13

在"力压"的程度上，除了 2012 年的差距较大以外（两家公司的营业总收入差距为 26.03 亿元），随着格力电器 2013 年和 2014 年实际营业收入与预计营业收入之间的差距越来越小，美的集团营业收入"力压"格力电器的力度也逐渐减弱，但仍高于格力电器。

然而，这仅仅是在营业收入规模方面的较量。

在营业收入结构即产品结构方面，那个时期美的集团的家电生产多元化形象与格力电器以空调为主的专业化形象深入人心。

怎样实现新的突破呢？

我们先看看美的集团。

美的集团 2015 年度和 2016 年度主营业务收入的产品或业务结构信息如表 14-2 所示。

表 14-2　美的集团 2015 年度和 2016 年度
主营业务收入的产品或业务结构信息　单位：千元

产品或业务结构	2016 年度		2015 年度	
	主营业务收入	主营业务成本	主营业务收入	主营业务成本
大家电	97 855 794	69 390 846	87 932 142	63 685 678
其中：空调	66 780 877	46 372 262	64 491 950	46 270 517

续表

产品或 业务结构	2016 年度		2015 年度	
	主营业务收入	主营业务成本	主营业务收入	主营业务成本
冰箱	14 955 684	11 506 669	11 422 676	8 774 502
洗衣机	16 119 233	11 511 915	12 017 516	8 640 659
小家电	43 282 927	30 431 915	35 445 859	26 574 533
电机	4 127 517	3 424 075	3 533 842	2 966 665
物流	1 907 746	1 844 622	1 652 757	1 454 923
合计	147 173 984	105 091 458	128 564 600	94 681 799

从美的集团披露的主营业务结构中可以看出：在 2015 年和 2016 年，美的集团将其主营业务划分为四类。

第一类是大家电。一般来说，大家电包括冰箱、空调、电视机和洗衣机。美的集团提供除电视机以外的其他三类大家电产品。**第二类是小家电。**小家电的种类繁多，包括电风扇、电饭煲、剃须刀、微波炉等。**第三类是电机。第四类是物流。**显然，大家电和小家电产品就是我们在家电市场中常见的各种产品。

从业务规模来看，2016 年美的集团的大家电营业收入为 979 亿元，小家电营业收入为 433 亿元，电机业务和物流业务的营业收入分别为 41 亿元和 19 亿元。

虽然美的集团将业务分成四大类，但从业务规模的占比来看，家电业务无疑占据主导地位，这也证明了美的集团是一个以家电业务为主的企业。

无论是家电市场的情况，还是企业财务数据，都支持美的集团是一个生产多种（或多元化）家电的企业的认知。

很明显，美的集团要想在业务结构方面实现突破，要么继续在原有的家电制造业务结构上继续做加法，拓展新的生产领域，要么摆脱其传统家电生产企业的形象，向高端制造企业转型。

美的集团是如何选择的呢？

我们看一下美的集团2017年度及以后的产品或业务结构信息。美的集团2017年度和2018年度主营业务收入的产品或业务结构信息如表14-3所示。

表14-3　美的集团2017年度和2018年度
主营业务收入的产品或业务结构信息　　　单位：千元

产品或业务结构	2018年度		2017年度	
	主营业务收入	主营业务成本	主营业务收入	主营业务成本
暖通空调	109 394 649	75 886 326	95 352 449	67 664 335
消费电器	102 992 803	72 959 466	98 748 018	71 722 720
机器人及自动化系统	25 677 924	19 809 997	27 037 062	23 123 363
其他	2 915 172	2 837 790	2 352 377	2 284 403
合计	240 980 548	171 493 579	223 489 906	164 794 821

从这些数据中可以看到：从2017年开始，美的集团的业务分类虽然还是四大类，但结构却出现了显著变化：原有的以突出家电特色为主的业务结构调整为包括暖通空调、消费电器、机器人及自动化系统和其他四大类。

值得注意的是，在 2016 年以前根本不存在的"机器人及自动化系统"业务不仅横空出世，还占据了四大类之一的位置，作为一个单独类别赫然出现在主营业务的分类中。

从具体的财务数据来看，暖通空调和消费电器这前两类产品的主营业务收入，分别达到了 1 000 亿元以上，而后两类产品的主营业务收入相对较低，分别为 257 亿元和 29 亿元，所占比重较小，明显不处于主导地位。

尽管如此，美的集团还是坚定地将机器人及自动化系统作为一类来列示，美的集团为什么要这么做呢？这反映了美的集团在产品或业务结构上的重大调整。其发展战略正在从传统的家电制造企业朝着以家电制造业为主，同时涉足其他高端制造领域的制造业企业方向调整。

需要注意的是，美的集团在 2017 年横空出世的机器人及自动化系统业务不是通过自行设立企业、研发产品来实现的，而是通过收购来实现的：美的集团在 2017 年通过收购德国的库卡公司实现了营业收入结构的"华丽转身"。

美的集团的信息表明，企业业务结构的重大变化以及业务规模的变化，展示了企业在业务发展的方向上的重大调整：从家电到更高端制造业转变。

而这一战略调整，也为企业未来在与格力电器的竞争中奠定了重要基础。

我将美的集团 2022 年度和 2023 年度主营业务收入的产品或业务结构信息列示如下（见表 14-4），以便与格力电器的数据做比较。

表 14－4　美的集团 2022 年度和 2023 年度
主营业务收入的产品或业务结构信息　　　单位：千元

产品或业务结构	2023 年度		2022 年度	
	主营业务收入	主营业务成本	主营业务收入	主营业务成本
暖通空调	161 110 843	119 912 866	150 634 586	116 234 025
消费电器	134 691 669	90 239 157	125 284 737	87 449 080
机器人及自动化系统	33 016 554	25 226 852	29 927 674	23 664 772
其他	15 313 646	13 566 202	10 617 777	9 659 221
合计	344 132 712	248 945 077	316 464 774	237 007 098

我们再来看看格力电器。

实际上，从广告语的变化也可以窥见格力电器业务结构的变化：格力电器在较长时间内宣传的广告语是"好空调，格力造"，后来则变为了"让世界爱上中国造"。

显然，"好空调，格力造"的广告语就是要展示企业的核心产品——空调的高质量，并传递格力电器是以空调为主的专业化企业的信息。

"让世界爱上中国造"的广告语则不再局限于空调产品，而是强调中国制造。这个广告语至少透露出两个重要的战略信息：一是在产品结构上，格力电器是多元化的；二是在市场结构上，格力电器的布局是全球化的。多元化的产品结构和全球化的市场结构，无疑是格力电器发展的重大战略调整。

接下来，我们来看看格力电器 2022 年度和 2023 年度主营业务收入的产品或业务结构信息（见表 14－5）。

表 14 - 5　格力电器 2022 年度和 2023 年度
主营业务收入的产品或业务结构信息　　单位：千元

产品或 业务结构	2023 年度		2022 年度	
	主营业务收入	主营业务成本	主营业务收入	主营业务成本
按类型分类				
空调	151 216 511	95 207 974	134 859 395	91 116 284
生活电器	4 001 971	2 579 481	4 567 901	3 051 711
工业制品	10 002 891	7 730 401	7 599 260	6 057 663
智能装备	669 842	459 908	432 086	303 248
绿色能源	7 106 464	6 193 956	4 701 189	4 077 475
其他	1 567 792	1 336 830	1 006 009	967 479
合计	174 565 471	113 508 551	153 165 840	105 573 860
按地区分类				
内销	149 661 935	94 519 678	129 895 114	85 650 632
外销	24 903 536	18 988 872	23 270 726	19 923 228
合计	174 565 471	113 508 551	153 165 840	105 573 860

从上表可以看到，截至 2023 年年底，格力电器将产品分成六类（主要是五类），这体现了企业的多元化产品布局；在市场结构方面，企业也分内销和外销两个市场，这个布局确实与"让世界爱上中国造"的愿景相呼应。

但是，仅从产品分类和市场布局来看战略是不够的，还需要财务数据的支撑。

从财务数据来看，格力电器的产品高度聚焦于空调，市场高度集中于内销。因此，如果格力电器想要继续坚持多元化与全球化的发展战略，还需要付出更大的努力。

比较一下美的集团和格力电器两家企业。相同点是，两家企业无论业务如何分类，现阶段都高度依赖其原有的产品（美的集团之前为大家电和小家电，现在为暖通空调和消费电器；格力电器一直是空调）。不同点是，美的集团通过收购实现了业务结构科技含量的突破，而格力电器在多元化方面尚未取得显著进展。特别是美的集团收购库卡这一举动，极大地提升了其科技形象：在2017年，仅仅是收购库卡，美的集团就产生了超过200亿元的商誉（具体信息请参阅美的集团2017年年度报告）。而这一巨大商誉对库卡未来的营业收入及盈利能力提出了较高的要求。

二、企业产品或业务结构方面的哪些信息至关重要

现在，我们来讨论一下：企业产品或业务结构方面的哪些信息是至关重要的？

在我看来，以下方面的信息至关重要。

（一）各类产品或者业务的规模占比情况

任何一家企业，都不可能做到让每一种产品或者业务按照相同的比例发展。当企业提供不同产品或者业务时，由于市场结构差异以及产品或者业务的内在质量不同，总会出现有的业务发展速度较快，有的业务发展相对较慢的情况。

发展快的产品或者业务，可能会迅速占据企业整体营业收入的较大份额。**实际上，占营业收入比重较大的产品或者业务，往往体现了企业已经具备的核心竞争力，并且也可能是企业利**

润的主要来源。

以美的集团为例，从 2022 年和 2023 年的营业收入情况来看，占企业营业收入比重较大的一直是暖通空调和消费电器，而这恰恰是企业长期在家电市场不懈努力的结果。这种对企业营业收入的持续支撑，为企业未来的转型奠定了坚实的基础。

考察企业的业务贡献力，明确各类业务的规模占比，对预测企业未来的业务发展具有重要意义。基于美的集团 2022 年和 2023 年的营业收入结构情况，我们可以合理推断：在没有重大并购的情况下，企业在 2024 年的业务发展仍然会以传统的暖通空调和消费电器为主。

同样，在格力电器的营业收入结构中，空调产品始终牢牢占据主导地位。在没有重大并购的条件下，格力电器的业务结构以空调为主导的发展态势很难改变。

（二）各类产品或业务的毛利率与毛利

我们已经很清楚：企业的毛利率反映了产品的市场竞争力，而企业的毛利既与毛利率有关，又与企业业务的市场规模有关。

过去几年，家电行业内的一个热门话题是美的集团空调业务的营业收入规模超过了格力电器。本节所展示的相关信息也印证了这一点：在 2022 年和 2023 年，美的集团空调业务的营业收入规模确实超过了格力电器。

但是，请注意，在评估企业产品的市场竞争力时，仅仅比较营业收入是远远不够的。评估企业产品的市场竞争力，应当综合考虑营业收入、毛利率和毛利等多个维度。

这是因为，企业拥有较高的毛利才能最终获得核心利润。

案例分析　美的集团与格力电器空调业务的毛利分析

我们简单比较一下 2022 年和 2023 年美的集团与格力电器空调业务的毛利和毛利率（见表 14-6）。

表 14-6　美的集团与格力电器空调业务的毛利与毛利率

单位：千元

项目	美的集团		格力电器	
	2023 年度	**2022 年度**	**2023 年度**	**2022 年度**
营业收入	161 110 843	150 634 586	151 216 511	134 859 395
营业成本	119 912 866	116 234 025	95 207 974	91 116 284
毛利	41 197 977	34 400 561	56 008 537	43 743 111
毛利率	25.57%	22.84%	37.04%	32.44%

注：毛利率＝毛利/营业收入×100%。

观察上表可以发现，尽管在 2022 年和 2023 年美的集团空调业务的营业收入超越了格力电器，但在毛利与毛利率方面，格力电器的空调业务市场竞争力显著强于美的集团。

综合来看，尽管格力电器近年来在空调业务的营业收入方面让出了第一的位置，但在盈利能力方面，其空调业务仍然处于领先地位。

三、企业产品或者业务结构与企业估值有什么关系

最后，我与大家讨论一下企业产品或者业务结构与企业在

资本市场上的估值之间的关联。

过去几年，与美的集团和格力电器相关的另一个热门话题是格力电器在资本市场上的市值与美的集团相比有所落后。

截至 2024 年 6 月 7 日收盘，美的集团股价为 65.16 元/股，总市值为 4 545 亿元；格力电器股价为 41.10 元/股，总市值为 2 315 亿元。

当然，影响资本市场上企业股价的因素有很多，如国家经济政策、企业在所处行业中的竞争地位、股权结构与公司治理、投资者心理、企业商业模式与财务业绩、企业所处行业的发展前景等。

然而，对于处于同一行业或相近行业的企业而言，影响股价的重要因素主要包括股权结构与公司治理、业务规模、业务成长性和盈利性，以及未来发展前景，特别是需要科技支撑企业的科技含量等。

在股权结构与公司治理层面，国有企业珠海格力集团曾长期作为格力电器第一大股东兼实际控制人参与格力电器的治理，因此格力电器具有国有控股上市公司的形象。在这样的背景下，格力电器前任董事长朱江洪在 2012 年 5 月退出了领导岗位。同样，如果格力集团继续作为控股股东，则格力电器领导层的核心管理者董明珠也将面临因年龄问题而离开领导岗位的问题。

格力电器股权结构与股权性质在 2019 年年底出现了重大变化。根据格力电器 2019 年 12 月 3 日发布的公告，同年 12 月 2 日，公司控股股东格力集团与珠海明骏签署《股权转让协议》，协议约定格力集团将其持有的格力电器 15% 的股份转让给珠海明骏。转让完成后，格力集团持有的格力电器股份降至 3.22%。

正是这样的股权结构重大变化，使得管理团队核心成员董明珠不会因年龄问题而很快退出格力电器领导岗位。

不仅如此，董事长董明珠还通过与珠海明骏签署一致行动人协议，巩固了其在格力电器董事会中的主导地位。

可以这样认为：格力电器通过股权结构的重大变化，有效维护了公司治理层面与核心管理层的稳定。

在这样的背景下，格力电器以往的治理与管理模式极有可能得以延续：企业将坚定聚焦专业化的空调生产，适度进军多元化产品市场。

过去几年格力电器确实是沿着这样的惯性路径发展的。这对于那些希望格力电器迈出更大发展步伐的投资者而言，难免感到有些失望。

就在同一时期，美的集团的股权结构也发生了变化：2019年 6 月，美的集团吸收合并了小天鹅，**此次吸收合并导致美的集团新增股份总数 3.24 亿股**，这些新增加的股份相对于美的集团 2028 年年底预计的 66.63 亿股而言占比并不高，不足以对企业的治理结构造成重大冲击。**此项并购不仅增加了美的集团的股份数量，还提升了其营业收入的规模。**

与格力电器相似，吸收合并小天鹅后的美的集团，其治理与管理将继续沿着以前的惯性发展，企业仍坚定不移地走多元化的发展道路。

在美的集团和格力电器均按照原有的治理和管理惯性向前发展的背景下，格力电器的营业收入在结构和规模上均高度依赖空调业务，在多元化推进方面一直没有迈开大的步伐；美的集团的营业收入则由于多元化战略而不断增长，其与格力电器在营业利润规模上的差距逐渐拉大。

格力电器营业收入增长乏力，而美的集团营业收入不断增长且拥有在机器人及自动化系统领域的"高科技"形象。因此，格力电器与美的集团在资本市场上的股价出现一定程度的差异，这是符合市场逻辑的。

因此，在其他条件大致相同的情况下，企业业务发展的持续性、业务结构的科技含量、盈利性和成长性是影响企业资本市场价值的重要因素。

我在本节以美的集团和格力电器的财务数据为依据，与大家探讨了三个问题：第一，可以从哪些方面感知企业的产品结构或者业务结构信息？第二，企业产品或业务结构方面的哪些信息至关重要？第三，企业产品或者业务结构与企业估值有什么关系？

通过学习，你将能够更有自信地运用企业的业务数据来判断其未来的财务趋势和资本市场表现。

总结

一是学习本节内容的独特收获：通过本节的学习，对与企业产品或业务结构有关的认识会有进一步的深化：产品或业务结构的变化对企业未来的价值，既体现在对企业财务贡献的结构性变化上，更体现在企业未来发展的战略方向调整以及股价表现上。将产品或业务结构变化与企业发展战略和市值管理结合起来，会让你看清企业未来的发展前景。

二是本节对大家职业生涯的可能贡献：领悟本节的内容，你将构建起企业产品或业务结构变化与企业发展前景之间的系统思维：企业发展到一定阶段，必然面临着转型升级的问题；转型升级就一定会导致企业的产品或业务结构出现显著变化；而企业产品或业务结构与盈利能力的变化又与企业资本市场估值有重要关联。

就转型升级的实现方式而言，企业既可以通过直接投资实现，也可以通过并购实现。通过直接投资实现企业转型升级，可控性强、转型成本低，但见效周期相对较长，且如果转型的跨度很大，则企业自身基础储备不足将制约未来发展；通过并购来实现转型升级，虽然可以在短时间内达成目标，但如果并购代价过大，将对被并购企业的未来业绩造成巨大压力，且并购后的整合成本可能很高。

至此，本书的全部内容已经学习完毕。如果你认真研读了本书，相信你对财务报表的价值已有一个全新的认识。

你可能会说：张老师，您的课程让我意犹未尽。如果想再提高自己，该怎么办呢？

对于这个问题，我将不懈努力，尽快推出更多高阶且实用的课程与书籍供大家学习。在新课程问世以前，你也可以通过学习我已经出版的其他图书或观看其他视频课程来持续精进。

最后，我想提醒你的是，财务是一种辅助工具，员工则是企业运转的基石。无论是对于个人成长还是企业发展来说，读透财报，时刻保持数据化的思维方式，都是至关重要的。

财报的魅力永远不会止步于数字，希望本书能够让你有所收获，并助力你在工作中更好地成长与发展！

参考文献

[1] 张新民. 从报表看企业：数字背后的秘密. 5 版. 北京：中国人民大学出版社，2024.

[2] 各相关上市公司的年度报告.

图书在版编目（CIP）数据

财报掘金/张新民著. -- 2 版. -- 北京：中国人
民大学出版社，2025.2. -- ISBN 978-7-300-33663-3

Ⅰ. F231.5

中国国家版本馆 CIP 数据核字第 20254F5Z22 号

财报掘金（第 2 版）

张新民　著

Caibao Juejin

出版发行	中国人民大学出版社			
社　　址	北京中关村大街 31 号		**邮政编码**　100080	
电　　话	010 - 62511242（总编室）		010 - 62511770（质管部）	
	010 - 82501766（邮购部）		010 - 62514148（门市部）	
	010 - 62515195（发行公司）		010 - 62515275（盗版举报）	
网　　址	http://www.crup.com.cn			
经　　销	新华书店			
印　　刷	北京联兴盛业印刷股份有限公司	**版　　次**	2020 年 7 月第 1 版	
开　　本	890 mm×1240 mm　1/32		2025 年 2 月第 2 版	
印　　张	8.5 插页 2	**印　　次**	2025 年 2 月第 1 次印刷	
字　　数	174 000	**定　　价**	68.00 元